JN036758

煙鳥怪奇録
机と海

吉田悠軌、高田公太／著
煙鳥／怪談提供・監修

竹書房
怪談
文庫

※本書に登場する人物名は、様々な事情を考慮して一部の例外を除き仮名にしてあります。また、作中に登場する体験者の記憶と体験当時の世相を鑑み、極力当時の様相を再現するよう心がけています。現代においては若干耳慣れない言葉・表記が登場する場合がありますが、これらは差別・侮蔑を意図する考えに基づくものではありません。

装画　綿貫芳子

巻頭言

初めまして、怪談収集家、怪談配信者の煙鳥《えんちょう》と申します。

僕は十数年前から現在まで、自分で収集した怪談を語るインターネット配信をしております。

皆さんの身の回りで、ディープに怪談を語り合える人はいますでしょうか。

僕はいませんでした。インターネットの広い海で出会うまでは。

僕が怪談を収集し始めたのは高校生のときからです。

当時、前の席は謂《い》わば学校のプロムクイーン「ナミちゃん」でした。

ある日の放課後、ナミちゃんは「実は私、前にこんなことがあって」とクラスのイケてる友達に怪談らしきものを語っていました。

僕は会話に入っていたわけではないので、その会話に真剣に聞き耳を立てていました。

話が終わった後、どうしても詳しく聞いてみたくてたまらなくなり「あの、俺そういう話大好きで、聞いて集めてて……もうちょっと聞かせて」とつい早口でがっついてしまった僕にナミちゃんは「え……？　集めてる？　何かちょっとキモい」と引き気味に笑い、周りのイケてる友達も〈怖い話好きすぎて流石にキモイわ〉と笑ったのでした。

ナミちゃんや周りの友達にそこまで悪意はないはず（そうだと信じています）ではありますが、今考えるとこのがっつきは流石にちょっとキモいです。

でも、高校生の僕はかなり落ち込んだのでした。

そうだよな。怪談なんかが大好きで、何かの役に立つわけでもなく、誰かの不思議な体験を聞き集めてるって流石に堂々と言えないし、ちょっとキモいよな。

今でも、そのときのナミちゃんの顔をよく覚えています。

それでも、僕は怪談を聞き集めてノートに記録し続けることを辞められませんでした。

それほど怪談が大好きで大好きでたまらなかったのです。

月日は流れて大学生になり念願の一人暮らしを始めた僕に、父親がノートパソコンを買ってくれました。

そのノートパソコンを使ってインターネットの掲示板を巡っていた頃、インターネットラジオによる怪談配信と出会ったのです。

この回線の向こうに、僕と同じような人がいる。怪談なんてディープなものを真剣に語り合える人を、仲間達をインターネットの海でついに見つけたのです。

顔も名前も知らない怪談を愛する同志達よ、こんなところにいたのか。

たまらなく嬉しくなった僕は、思い出に一回だけ配信しようと思い、仕送りが詰まっていた段ボールの上にノートパソコンを置き、七百円くらいで買ったマイクを接続し、怪談を記録したノートを手にインターネット配信を始めました。

まさかそれから十数年、怪談配信をし続けることになるとは当時は思いませんでした。

怪談配信をしている中で出会ったのが、吉田悠軌、高田公太の二人です。

「煙鳥怪奇録」は、僕が聞き集めた怪談をこの二人が再構成して文章化した一冊です。

二人の文章による怪談は、まるで僕の怪談に新たな命が吹き込まれたかのようでした。

今回、彼らによって新たな命を得た怪談の中には、配信を飛び出してドラマや漫画の原作になった怪談も含まれています。

怪談を集め始めた頃の僕は、まさか聞き集めた怪談ノートからドラマや漫画になったり一冊の本になったりするなど考えもしませんでした。

あの日、キモいと言われた怪談で誰かを楽しませることができる日々が来るなんて。

可愛い女の子に心を折られ、怪談を辞めなくてよかったと心から思っています。

今、二人の手によって生まれ変わった怪談ノート「煙鳥怪奇録」を紐解きます。

怪談提供・監修　煙鳥

目次

●……吉田悠軌
■……高田公太

水底長屋

急な坂道をカーブしながら下っていくと、その先に小振りな川が流れている。

川の両端は、田んぼと雑草ばかりの広々とした空き地だ。

道路をすっかり下り切ったところで、川沿いの小道へと折れる。

川の脇には土手など造られていない。というより、ここが土手の内側、河川敷の中なのだ。辺りを見渡せば、近所の住宅は全て、ここより高台に造られている。

つまり一旦川が溢れれば、すっかり水浸しになってしまう土地ということだ。

小道に入った途端、アスファルトの舗装もなくなった。車が通れるのかも怪しい砂利道を、ひたすら進ん

でいく。

　そこには、横に長い煤けた外壁の集合住宅が四棟、並んでいた。

　建物は小さめのアパートといったサイズで、一棟につき玄関ドアが四つも五つも小刻みに設置されている。だから居住者一人につき、振り分けられているのは1Kほどの平米数となるだろう。

　どの玄関にもLPガスのボンベが並べられており、幾つかのドアは開きっぱなしだ。

　また各部屋の地面からは塩ビのパイプが飛び出し、屋根の上まで延びている。汲み取り便所に使う、便槽から換気するための管である。

　白くて細長い臭突と、先端の丸い換気扇が、まるで大きなエノキダケのようだ。

　各部分の小ぢんまりとしたスケール感もあいまって、何だかメルヘンチックな「小人のおうち」のようにも

※画像はイメージです。

見えてくる。


「ここが、教えてもらった怪談の場所ですね」と煙鳥君。

「家にいながらにして見られるんだから、いい時代だよね」と私。

これから煙鳥君が教えてくれるのは、東北地方の、とある公営住宅にまつわる怪談だという。

「それを喋る前に、とりあえず現場の風景を確認させてもらえない？　そのほうが、グッと話に入り込めそうだから」

という私の要望により、グーグル・ストリートビューを二人で閲覧することとなった。かくいう我々も、東京（私）と福島（煙鳥君）それぞれの自宅にて、スカイプ通話のやりとりをしている。

手始めの情報を得るだけなら、これでとりあえず事足りる。全く、いい時代となったものだ。

「じゃあ始めますね。僕が取材した男性を、仮に『信夫さん』としましょう。彼、昔は某会社で営業マンをしていたんですが……」

＊

あるときから、信夫と上司との関係が、酷く悪くなってしまったのだという。

「仕事できない奴は、いらねえんだよ！」

業績が悪い訳でもないのに、上司は貶すばかりで何の評価もしてくれない。

さすがに文句の付けようのない大きな仕事を取ってきたとしても。

「いい気になってんじゃねえぞ！」

逆に怒鳴りつけられる始末だ。

「じゃあ、辞めます」

その理不尽さに耐え切れなくなった信夫は、ある日、すっぱりと会社を退職してしまった。

次の仕事のあてなど全くない。というより、度重なる上司のパワハラによって心が疲弊しており、何をする気力も湧いてこない。

職探しどころか外出すらできず、信夫は暫くマンションの自室に引き籠もる毎日を送っていた。

しかし貯金もすぐに底を突いてしまった。前職の会社ではそれなりの高給を貰っていたので、住んでいたマンションは相場より家賃の高い物件である。これでは生活が続くはずもない。

「もう諦めて引っ越すよ。でも今は働ける精神状態じゃない。最低限の住宅でいいから、どうにかならないか……」

切羽詰まった信夫は、市役所に勤める友人に相談を持ちかけた。難病を患っているでもなし、まだ若いのだから働けよ、などと説得されるかと思いきや。

「それなら、ちょうどよく空いてるところがあるよ」

友人は二つ返事で、とある物件を紹介した。単身者向けの福祉施設のような市営アパート。先述した、川沿いの長屋のことである。

「ただ、ものすごくボロい。外壁はヒビだらけで煤けてるし、周りは雑草だらけ。部屋の壁も剥げてるし、ビニールの床はベコベコ。トイレは汲み取りのボットン便所。虫は入ってき放題。何より住んでいる人たちが、ほぼ全員、まあストレートに言うと」

ここで友人は、公共放送ではタブーとされる四文字の言葉を使った。

「そんなところだから、いつも必ず、一部屋くらいは空いてるんだよね」

私と煙鳥君で見たグーグル・ストリートビューにも、外観についてはその通りの建物が撮影されていた。付け加えれば、粗大ゴミか私物か分からない謎の物体が、建物の前に雑然と積まれていたりもする。

勿論、実際に住んだ信夫こそ、この長屋の状況を身に染みて理解したようだ。友人の言葉が決して大げさではないどころか、むしろ「控えめ」だったことを。

建物は古くて汚いどころではなく、建築基準法の審査をどうやってクリアしたのかと思うほど、造り自体が雑。床はベコベコというよりドロドロにふやけ、黒ずんでいる。

壁も床も隙間だらけのため、虫の侵入は当たり前で、最初はアリの行列が部屋を行進していた。幾ら駆除剤をぶちまけても、常に何らかの虫が部屋を出入りするので意味がない。

そして四文字で形容された住人達は、かなりのインパクトがあった。

部屋より外のほうが快適なのだろう。昼も夜も敷地内にパイプ椅子を出して座っている、目が真っ黄色でボロボロの服を着た、アル中のおっちゃん。

玄関も窓も全て開きっぱなしにしたまま、一日中ずっと罵詈雑言《ばりぞうごん》を怒鳴りちらしている、アル中のじじい。

「警察に監視されている」「パルス波で攻撃されている」などの怪文書を、建物のあちこちに貼ったり玄関ポストに投函してくる、アル中のおばちゃん。

彼らは、恐らく自分達でも把握できないほど長年に亘って、ここに住み続けている人々だ。

川が氾濫すれば沈んでしまう、土手の内側の長屋。その水底に沈没し、酒の海に溺れたまま、どこかに浮かび上がろうとする気もなく、一生を終えようとしている、そんな人々。

「まあ、仕方ないわよ。あんたみたいにまともな人も、たまに入ってくるんだけどねえ」

隣室に住む、沢田さんという初老の女性が、そう教えてくれた。彼女も古参組らしいが、きちんと挨拶や世間話ができるだけでも、ここでは十分「まとも」な存在だ。

「そういう人たちも、最初はすぐに引っ越そうとするのよ。こんなところ嫌だーってね。でも、お金がないから引っ越せない。そうこうしているうち、その人たちも、段々おかしくなってくるのよねえ」

信夫は、沢田さんの言わんとすることが、非常によく分かった。場の雰囲気や空気といった、抽象的な意味ではない。実際問題として、こちらの気が病んでしまうような迷惑行為にも、度々見舞われていたからだ。


――ガンガンガンガンッ！

玄関の薄っぺらい鉄扉が、乱暴に叩かれた。早朝というより、明け方に近い時間帯だ。眠りを破られた信夫が、布団から身を起こす。すると、不躾なノックの音に代わって、聞き覚えのない男の叫び声が響いた。

「かねかしてくいよ！　かねかしてくいよぉ！」

意味が分からず硬直していると、再びドアが叩かれ、また同じセリフが再生される。

「金貸してくいよ！　金貸してくいよぉ！」

返事するのも怖いので無視し続けていたのだが、相手は全くめげる気配がない。防音など一切考慮されていない建物なので、音も声も遮断されずはっきり聞こえる。

何だよ、どんな奴だよ……。

忍び足で玄関に近づき、こっそりドアスコープから覗いてみたところ。

六十歳を過ぎているであろう、男の姿があった。生地の剥げた帽子を被って、藻のような薄い色の上着を羽織《はお》っている。ちらりとも見かけた記憶がないので、ここの住人ではないようだ。

「金ぇ、貸してくいよぉ！」

そう叫ぶたび開く口の中には、歯が三本しかない。だらしなく大量の唾が撒き散らされているのが、スコープ越しにも窺える。

必死に無視を決め込んだが、男が帰るまで一時間は掛かった。

怖すぎるだろ、あのじじい……もう来るんじゃねえぞ……。

しかしそれから数日おきに、同じような明け方の騒動が繰り返されることとなった。

自分を、この部屋の前の住人と勘違いして、金を無心しているのだろうか。とはいえ、その誤解を解いたところで、おとなしく帰ってくれるとも思えない。

あれは確かに、この長屋の面々と同じ人種ではあるのだろう。ただそれに加えて、彼らにはない奇妙な迫力を、あの小さな老人から感じてしまうのだ。

幾ら扉を叩かれ、「金貸してくいよう！」と連呼されても、信夫はひたすら無反応を貫き通した。そして他の住人達も、早朝の大騒ぎにも拘らず、文句一つ言い出してこなかったのである。

そんなある日。

ゴミ出しのために集積場に向かっていた信夫は、途中で女性の住人に声をかけられた。

「ちょっと、ちょっと」

隣の沢田さんとはまた別の、やはり古参組のおばちゃんである。

「あんたんとこ、ツネさん来てるんじゃない？」

「ツネさん？　誰ですか」

「小さくて汚いじじい。いつも玄関どんどん叩いて、『金貸してくいよ～』って言ってくる奴。来ない？」

「あ、はいはい！　来ます、来ます」

「そうでしょう迷惑よね。あいつ、あたしの部屋にも来るの。信じられないよね」

「え、そっちにも？」

そうよ見れば分かるよこれね……と独り言のように呟きつつ、おばちゃんは開いたメモ帳を差し出してきた。

「あたし、警察に通報するために、証拠をメモしてるの」

ぱらぱらとページを捲られたので、細かい内容は分からない。それでも各ページの見開きいっぱいに、恐ろしく細かい字がびっしり書き連ねてあるのが見えた。

何月何日にきてどんどん、大声出されて起こされて、迷惑かけられてどうのこうの……といった記録を残しているようだ。

しかし、この調子でメモ帳いっぱいに書かれているとすれば、数年分にも亘る量になってしまうはずだが。

「もうこれをね、警察に渡しますからね。警察、今まで何言っても、ずっととりあってくれなかったからね。でもこのメモ渡しさえすれば、警察だってビックリするよ。動くしかないよ」

なんだ、このおばちゃんもダメなほうの人っぽいな。

まあそれでも、あの老人にずっと迷惑かけられているのは間違いないのだろう。その意味では先輩とも言えるし、何か知っていることがあるかもしれない。

「うわあ、大変ですねえ。でも、そのツネさんって人、どこに住んでる人間なんですかね？それが分かれば、警察でなくても家族か役所に対処してもらえるかもしれないし」

「いや、違う違う」

おばちゃんはメモ帳を仕舞いながら、また独り言のような口調になる。

「ツネさんは、あんたの部屋に住んでたけど、死んでるの」

「は？」

「死んでるけど来るから困るの。だから警察に言ってるけど、とりあってくれないの」

うん、それはヤバい。

死んだ奴が来るなんて相談しても、そりゃあ警察もとりあってくれないだろう。

しかしそこまでヤバいことが起きているなら、もう少し調べなくちゃあいけないな。

信夫はゴミ捨て場から引き返すと、早速隣の沢田さんを訪ねてみた。

「はいはい、ツネさんね。もうとっくに死んでるわよ」

沢田さんは澄ました顔でそう言うと、問わず語りに説明を始める。

「昔からずうっと、あんたの部屋にひとりぼっちで住んでたのが、ツネさん。でも十年前に、あんたの部屋で死んだの。勿論、ひとりぼっちでね。ずっと見つけてもらえなかったから大変よ。見つかったときには、虫がうじゃうじゃうじゃうじゃって湧いててねえ……。それがツネさん。あんたのところにも来るんでしょ？」

どうやら沢田さんも、すっかり事情を把握しているようだ。

「来るんでしょ、部屋に？　だからツネさんのこと訊いてきたんでしょ？」

「あ、はい。やっぱり聞こえてましたよね、あんな大声」

「ううん、聞こえないわよ」

「え、あれ」

「玄関どんどん叩いて、金貸せって大声出すんでしょ？　知らないけど。壁が薄いからこっちに聞こえないはずないのに、何にも聞こえてこないから、私は知らないけど」

おかしいぞ。それなら何で沢田さんは、そんなに詳しく知っているのか。

「毎回いつもいっつも、あの部屋に住んでる人が、あんたみたいにツネさんのこと訊いてくるから。誰も彼も、同じこと言ってくるから。ツネさん、私のところには来ないんだけどねえ」

ああ、なるほど、そういうことか……。

などと納得できたのはいいとして。

この翌朝にはまた、ツネさんがうちにやってきた。

ガンガンッ！　ガンガンガンッ！

しつこく玄関が叩かれる。何故か今朝に限って「金貸してくいよ」と言ってこないが、その分、ノックの乱暴さはこれまで以上だ。

ガンガンガンガンガン！

ただでさえ建て付けの悪い、薄っぺらいドアが激しく揺れる。それが枠にぶつかって、また甲高い音を立てる。

ガンガンガンガンンガン……。

死んでるくせに、うちの玄関まで壊すつもりかよ。

ガンガンガンガンガンガンガン……。

「うるせえ！」

遂に限界を超えてしまい、腹の底から怒鳴り声が噴き出した。

「うるせえんだよ！　金なんてねえぞ！」

ガンッ……。

と、それに応えるような音が一つした。

暫くの沈黙が続いた、その後で。

「何だ、部屋の中さ、いんだべ」

吐き捨てるような声が、ドア越しに響いた。

その瞬間、信夫の足から頭の先へと、冷たい戦慄が貫いた。

同時に、ぼやけていた心が、はっきり目覚めるのを感じた。

――俺は一体、何をやっているんだ。

これはダメだ。もう絶対に、ここを出ていかないとダメだ。

今すぐここを離れて、遠くまで逃げないと、これはもうダメなんだ。

＊

「信夫さん、親に頼みこんで金借りて、すぐに長屋から引っ越したそうです。……というお話なんですけど」

煙鳥君が説明を終えた。途中から話に引き込まれ、相槌を打つのを忘れていた私は、そこでようやく長い息を吐いた。

「ちなみに隣の沢田さん曰く、ツネさんが来る家と、来ない家があるみたいです」

「ほお、それはどういう」

「これは信夫さん側の推測ですけど、多分ツネさんに金貸してた家だけ来るんではないか？　沢田さんは金貸してなかったから来なかったんじゃないか？　……と言ってましたね」

「ええ～、そんな、恩を仇で返されるような」

私はわざと軽口を叩いたが、同時に、さもありなんとも感じていた。

酷いことをしたから恨まれる、とか、優しくしたから恩返しされる、とか。

そんな単純でさっぱりした関係とは別の何かが、あの長屋には、渦巻いているのだろう。

水の底に沈みゆく人は、頭上に誰かのもがく足が見えたら、咄嗟にそれを掴もうとするはずだ。でも、それは相手が憎いからではない。ただ自分の見上げた先に。誰かの足があったから。思わず、掴んで、引っ張ってしまう。それだけだ。

この水の底でもまた……。

「あれ？」

モニター上にあるものを見つけ、私はマウスを動かす手を止めた。

「煙鳥君、このストリートビューの左のほうにさ、こんなお爺さん立ってたっけ？」

「あ、本当だ。何かいますね。気付かなかったですけど」

四棟の長屋が並ぶうち、手前左側の建物。その最奥の部屋より更に向こうの壁際に、老人が一人、写っている。

グーグルの撮影車を気にしているのだろうか。

勿論顔にはモザイクが掛かっている。

それでも、こちらをじっと睨むように見つめていることは伝わってくる。

こちらに向かって、早足で近づいてこようとしている様子も、見て取れる。

恐らく大声を発しているのであろう、黒く開かれた口も。

私は画像をクリックし、老人の顔をできるだけ拡大してみた。

しかし幾ら凝視しても、その口に歯が何本残っているのかは、分からなかった。

……ぽーん

前田君から聞いた話です。


前田君の祖父は、既に亡くなっていました。

そういう訳で、その家には長い間、誰も住んでいませんでした。


法事や近所でお祭りがあったときだけ、親族は集まっていたそうです。

土間の台所にすのこが敷かれている、とても古い家でした。


ある年の正月。前田君ら祖父の親戚一同が家に集まり、法事を執り行いました。

日中に法事を済ませ、夜は年初を祝う祭りに皆で行きました。

家に戻った頃にはすっかり夜も更け、寝支度も面倒になるほど疲れた一同は、畳の広間で雑魚寝をすることにしました。

前田君は、炬燵《こたつ》に下半身を入れ、眠ることにしました。

ぴん……ぽーん。

前田君はインターホンの音で目覚めました。

時間は深夜二時過ぎ。

ぴん……ぽーん。

再び、インターホン。

こんな時間にインターホンボタンを押し、ゆっくりと指を離す何者かの姿を想像するのは、ぞっとしないことです。田舎の静寂に包まれた古民家を震わすように、チャイムの音が響きました。

玄関にほど近い、炬燵の陣に入っていた前田君は、少しだけ顔を上げて三和土《たたき》の様子を窺うことにしました。

しかし、真っ暗です。

これほどまでに暗いと三和土の様子も、玄関戸の様子も分かったものではない。しかし、

……ぽーん

あの闇の向こうに誰かがいることは間違いないのです。

「誰だろうね、こんな時間に……」叔母の小さな声が、他の者の寝息に混じって聞こえました。

見ると、ほど近い場所に上半身を起こした叔母の影がありました。

「何か事件でもあったのかな。それで警察が来たとか」

「いいや、それなら声を出すだろうに」

ぴん……ぽーん。

「誰か盛り場まで出張っていった人が締め出されたのかも。ほら、内藤のおじさん、戻ってきてたっけ？」

「アキラちゃんなら、そこで鼾《いびき》を掻いて寝てるよ。みんな一緒だったじゃないか」

ぴん……ぽーん。

ぴん。

ぽーん。

怪訝に思った二人は訪問の知らせに応じず、数回ほどでチャイムが鳴り止んだことを合図に、また横になりました。

翌朝、前田君が玄関を検《あらた》めてみたところ、そもそもこの家にはインターホンが設置されていませんでした。

現在、この家は売却されているそうです。

空き家回り

慶子さんがとある町の小さな不動産屋で働き始めたばかりの頃の話である。

資格を持っていなかった新人の慶子さんは、空き家の管理をするように言われた。

不法占拠や何らかの異常がないかと空き家を回り、様子を見ながらカビ対策として換気をする。先輩の女性社員が教官となって付いてきてくれたのは嬉しいが、どうにも無愛想な喋り方をするその先輩は、正直苦手なタイプだった。

何軒か訪問すると、先輩は「もう手順は分かったでしょ」とさも不機嫌そうに言い、慶子さんに鍵を渡した。目の前には瓦屋根のみすぼらしい一軒家。

要は窓を開けて、暫くしたら閉める。

それだけのことだ。

「あ。はい。じゃあ、行ってきます」

そそくさと家へ向かい、玄関戸の鍵を開ける。

「あ……すみません」

戸が開くと同時に、玄関に座り込む一人の老婆と目が合った。

なんでか、人がいる。人がいるパターンだ。しかも、灰色の野良着を纏った老婆は、その佇まいから見て、明らかに住人だ。

「何しに来た」

老婆は不満げにそう言った。

そりゃあそうだ。見知らぬ人が、自分の家の玄関の鍵を開けて威勢よくガラリと開けたら、そりゃあ怒る。慶子さんは動揺しながら、どうやってこの非を詫びようかと考えた。

「あ……私、不動産屋の者ですぅ。あの……まだ新人でして……空き物件と聞いて訪問したんですけど。お住まいの方ですよねえ？」

老婆はまだ睨んだまますっくと立ち上がり、そのまま後退りをして奥にある襖の部屋に消えた。開け放たれた襖の奥は真っ暗で、その後の様子は分からない。

さて、追いかけて家に上がり込むのは、おかしい。

かといって、黙って立ち去るのもおかしい。

振り向くと、垣根の向こうからこちらの様子を複雑な表情で窺う、先輩の姿が目に入った。

ぶんぶんと首を振って異常を伝えてみるが、やはり妙な顔でこちらを見つめるばかりで、てんで反応がない。

「ちょ……ちょっと上の者に確認取りますねー！」

慶子さんは老婆の気配にそう告げてから、先輩に駆け寄った。

「ここ！　人いますね！　人住んでる家ですね！」

慶子さんは先輩の底意地の悪さを恨みつつ、そう言った。

こうやって人を困らせて、それの何が楽しいというのか。

「やだなあ先輩！　人が住んでるなら住んでるって、言ってくださいよお」

古川さんはあえて戯けたように言った。

バカのふりをしておけば、トラブルもなく今日一日が終わる。それならそれでいい。

「ああああああああ！　あんた、何なのよおおおおおお！　嫌だ嫌だ嫌だっ！」

先輩は長い髪を両手で掻きむしり、目に見えて取り乱しながらそう言った。

「ええ？」

先輩は下を見て、何かぶつぶつと呟いた後、一息吐いてまた顔を上げた。

「……いい？　ここは空き家。空き家なの。分かった？　分かったら、私が玄関まで行くから、入ってまっすぐにある窓、開けてきて！　ちょっと風が通ったら、すぐに閉めていいから！」

「え？」

空き家なの？

いや、人が住んでますが。

でも、空き家なの？

じゃあ、件の不法占拠？　不法占拠のパターンに当たりました？

それにしては、堂々とした老婆だった。

ってか、何この先輩の様子。

私をビビらせたいの？

それって、もしかして「あの老婆はお化けでした」ってシナリオ？　んな訳ある？

お化けってあんなにはっきり見えて、はっきり喋るもんなの？

いやいや……。

そして慶子さんは、先輩の性格と現状を鑑みて一つの結論を出した。

ここには人が住んでいる。それを先輩はお化けとして扱って、私を困らせようとしている。信じられない。完全なるいじめ。何だこいつ。

でも。

でも、バカのふりをしよう。

今後も働く職場だ。まずはこれが新人の頑張り所かもしれない。

慶子さんは覚悟を決めて、再び玄関に向かった。
約束通り先輩も後ろをついてきたが、これまた約束通り、玄関でピタリと止まった。
「お、お邪魔しまあす……」
家に入り、奥へ進むと老婆が消えた襖の向こうは台所だと分かった。
暗い。
そりゃあそうだ。
電気が通ってないから。
え？　じゃあ、やっぱり空き家じゃん。
「早く！　早く窓開けて！　戻ってきて！」
背後から先輩の急かす声が響く。
台所の流し台の上にある窓を開錠し、開けようと横に力を入れる。
が、立て付けが悪いのか開きそうで開かない手応え。
早く、早く開いてよ。
早く、ここから出たい！
何か！
何か、後ろにいる！

慶子さんは、家に入った瞬間からずっと、何かに見られているような気がしていた。

先輩のものではない視線が、ずっと自分に向けられている。

開いて！　開いて！

早く開いて！

慶子さんの思いが通じたのか上手く引っかかりが回避され、勢いよく窓が開いた。

澄んだ空気がふわっと周囲を包み込み、その目の覚めるような清涼感がこれまでにあった澱みを浮き彫りにする。

やっぱり空き家だったんだ。

乱暴に窓を閉め、先輩の元へと短い廊下を走った。

そして靴に足を入れた瞬間。

「何しに来た」

と、また声を掛けられた。

反射的に振り返るも、やはり台所は真っ暗なまま。

いる。

パッと外へ飛び出し、先輩と敷地の外へ駆けた。

「はあ……はあ……先輩……空き家……やっぱり……空き家でした……」

「そう……ここ……空き家……」

二人とも大した距離を走っていないはずなのに、息も切れ切れに声を掛け合った。

「先輩……私……」

「はあはあ……何よ……どうしたのよ……」

「靴、履けなくて……玄関にあります。あと……鍵を掛け忘れました……」


慶子さんは意を決して空き家へ舞い戻り、靴の回収と施錠を済ませた。

その後喫茶店で先輩が言うには、

「あそこは前々から、何か怖かったのよ。誰かに見られてる気がするのよね。だから、あんた一人に行かせた訳。そしたら、あんなこと言うから……」

とのことで、これを言われた慶子さんはもう先輩のことを反吐が出そうなほど大嫌いになっていた。

「あんたね。怖い目に遭ったからって、あの家で昔何があったかを詮索しないほうがいいわよ。だって、これからは一人であそこも回るんだから。あたしはもう付いていかないんだからね。分かった？」

やっぱり、この人、大嫌い。

慶子さんは憮然としたまま「はい」とだけ応えた。

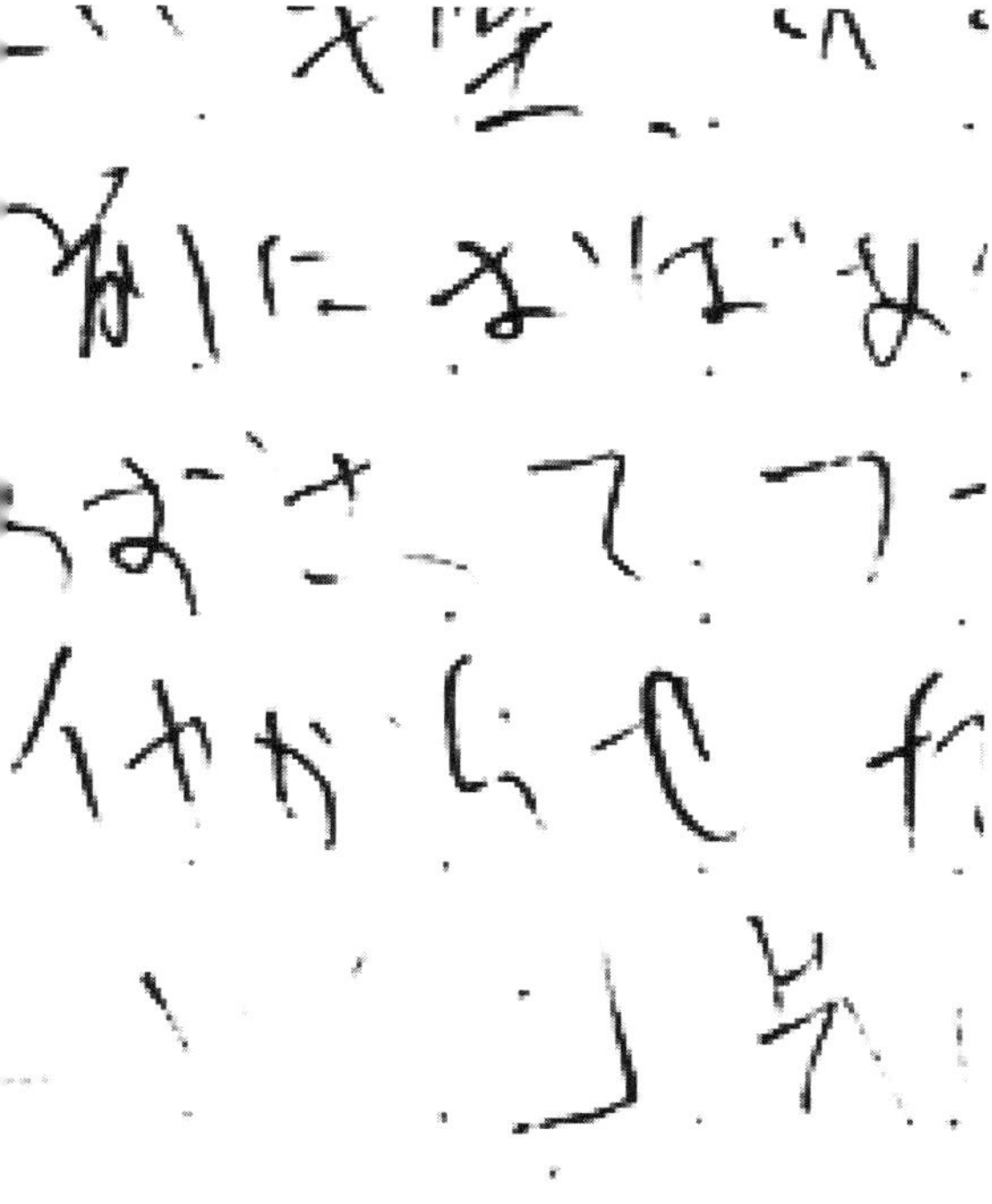

【体験談取材時の煙鳥ノートより】

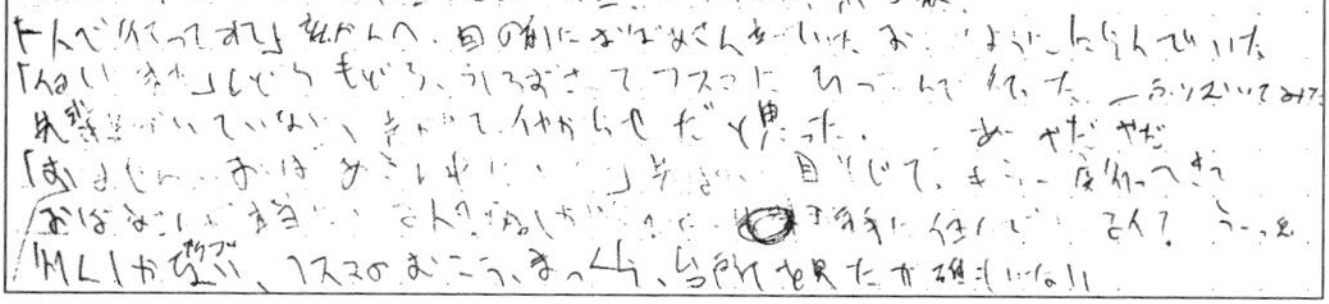

山中道路

ある年の冬、美佐江さんは友人達と北海道旅行をした。

温泉とスキーを楽しむために赴いたのは、黒岳スキー場を有し、温泉街としても有名な層雲峡。

美佐江さん一行が一頻り冬の行楽を楽しんだ帰りに待っていたのは、人けのない山中道路だった。

誰もが疲れ切っていて、車内は静かだった。

緩急がある幾つものカーブが美佐江さんの眠気を誘ったが、黙々とハンドルを切る運転手を気遣い、目を擦ってやり過ごしていた。

ポツポツと立つ街灯と変わり映えのない車窓が、帰路の倦怠感を際立たせる。

「今の！　見た？」

助手席の友人が、急に声を上げた。

「えっと、何？」

運転手が気のない返事をした。

美佐江さんも、恐らくは野生動物でも見かけたのだろうとタカを括りながら、「何かあった？」と声を掛けた。

「女の人達！　見なかった？　あたしだけ？」

一行が走っていた位置は、日本で最も広い国立公園「大雪山国立公園」内で、民家が周辺に建つことは向こう数キロあり得ない。

この時間のこんな場所に人がいたとしたら、遭難まっしぐらといったところだ。

「え？　やばくない？」

「……真っ白な女が五人、ガードレールの向こうに横並びで立っていたの……」

「真っ白？　服の色が？」

「服はよく分からなかったけど、とにかく真っ白で、森を背にして横並びで……」

友人はまるで一枚の写真を描写するように、白い五人の女の様子を伝えた。

会話を続けながら、車両は進んでいく。

誰一人、女達を救助しようと進言しない。

恐らくは、皆が同じ判断をしている。

彼女が見たのは、ヒトではないのだろう。

運転手は、ほんの少しだけスピードを上げた。

食い違い

煙鳥君の知り合いに、久根という半グレの男がいる。

ヤクザ・暴力団とはまた別の反社会グループに出入りしており、普段は東北地方の繁華街で風俗の呼び込みをしているという……まあ、典型的な現代のチンピラなのだろう。

急いで付け加えておくが、煙鳥君と久根の関係はややこしいものではない。

地元の先輩の繋がりで知り合った後、何故か久根のほうから煙鳥君を慕うようになっていった。と言っても、たまに街中でバッタリ出会えば、世間話をするといった程度の仲である。

それは、二〇一〇年代の終わり頃だった。

煙鳥君が駅前アーケードを歩いていると、近所で働く久根が、声を掛けてきたのである。

「景気はどう?」「いやあサッパリ」

そんな挨拶を交わすうち、いつしか話題が怪談めいた方向に流れていった。

「何か、ちょっと昔の話だけど、つってても今でも続いてるところもあって……めちゃくちゃな話なんだけど、聞いてもらっていいすか?」

何故いきなり、久根がそんな思い出を語りだしたのか、よく分からない。たまたまお互い、時間に余裕のあるタイミングだったせいもあるだろう。

また、今から振り返ってみれば……。この日の久根は、無意識のうちにいろいろと予感していたのかもしれない。数カ月後に知るはずの事実を、うすうす勘付いていたのかもしれない。とにかく誰かに、自分の体験をぶちまけておこうとしたのかもしれない。

何しろ、仲間の「小堺」が自殺したのは、ちょうどこの頃だったのだから。

当時より更に数年前、久根が半グレグループ「某」に入りたての頃だったという。

周知の通り、所謂《いわゆる》ヤクザと半グレとは組織の形態が異なる。例えば「某」は、元々若者達の改造車チームから成長（？）していったものだ。

ただ、ヤクザの兄弟分に近いシステムもある。「某」トップの「兄貴」は、カタギのままヤクザものから疑似的な盃を受けている、という複雑な関係だ。その兄貴の下に、七人ほどの横並びになった弟分がいる。

もっとも煙鳥君によれば、

「半グレの人達って、想像以上に幼稚なところあって、心霊スポットに皆で遊びにいったりするらしいんです」

とのことなので、根本的なメンタリティは、あくまで地方のヤンキーと変わらないのだろうか。

さて、「某」にはもう一人、小堺という男もいた。その小堺がある日、久根にこのような自慢をしてきたのだ。

「俺この前、Sの家に行ってきたぞ」

「マジか！　よく行けたな、あんなとこ」

久根は驚いた。「Sの家」とは、過去に大量殺人が行われた廃屋だ。しかもそれは、心霊スポットにありがちな根も葉もない噂話ではない。

女性祈祷師をリーダーとした信仰集団が、「悪霊祓い」を名目に、信者六人を惨殺した事件。……という説明だけで、ここの読者ならばピンとくるだろう。これ以上の説明は省かせてもらう。

「あそこはヤバいだろ……」

事件の余りの残虐性から、半グレ達にも恐れられ、タブー視されているスポット。それがSの家だったのだ。

「別に、大したところじゃなかったけどな」

小堺は余裕綽々《しゃくしゃく》といった表情でスマホを取り出し、撮影された現場画像を見せびらかしてきた。

「これが外の様子な。で、ここから中になるんだけど」

「うお、ちゃんと家に入ってるじゃん」

「でも、つまらねえんだ。障子はびりびりだったけど、別に何もなかった。からっぽ」

確かにその画像には、家具も何も置かれていない、がらんとした空間だけが写されている。

「いや、でも中に入ったって奴は初めて見たわ。お前マジすげえな」

そう素直に感心していたところ。

「久根も行けよ」

突然、背後から声を掛けられた。振り向けば、にやついた顔の兄貴が立っているではないか。

「……いやいや〜、俺は無理っすよ」

「おめえ、行けってば。俺も一緒に横から見ててやっから、おめえ、行ってこい」

「いや、でも……」

どうも久根はグループ内に於いて、いじられキャラの立場だったようだ。そこまで恐ろしいスポットなら、さぞかし久根の大げさな反応を楽しめるはず。そんな意地悪を、兄貴は計画したのである。

「いいな、おめえ。行け」

そして半グレもやはり、兄貴分の命令は絶対なのだ。


普通の新興住宅地にある、至って普通の二階建ての家だった。

ただし夏ということもあって、家の周りの雑草が伸び放題に伸びて、最早草むらと呼びたいほど。周りには幾つも民家が隣接しているのだが、さすがに誰も除草などしないのだろう。

それが、兄貴の車の中からSの家を見たときの第一印象だった。

「ほら、出ろ」

しかし外に出て、道路越しに対面した途端。

久根の全身が、その家を拒絶してしまった。

——ここは、ヤバい。

自分は霊感など一切ないタイプだと自覚している。

しかしここは、空気が違う。夜中の廃墟には独特の雰囲気があるけれど、そんなものの比ではない。全く別の瘴気が、道路越しにいても、キシキシと皮膚を刺してくる。

兄貴の手前、早く向かわなければと頭で思っているのに、足がすくんで動けない。

そうした恐怖を、久根はありありと正直に、煙鳥君に漏らしていた。

「曲がりなりにも半グレの人が、自分みたいな素人相手に『怖かった』『足がすくんだ』なんて、口が裂けても言えないはずなんですよ。これはもう、本当に怖かったんだな……ってのが伝わってきました」

どうしよう、足が一歩も動かない。ひくついた笑顔で、運転席から降りてきた兄貴のほうに目をやると。

「おめえ、俺がここで見てやっから、行ってこい」

そちらも顔が笑ってない。絶対にビビっている。

とはいえ、ここまで来たらイモを引くことは許されない。

腰までの高さの雑草を分け入って進んでいく。白いはずの外壁が、妙にねっとり黒々と輝いているように見える。

ようやく家の目の前まで到着した。ただ、その壁面には出窓が二つあるだけで、玄関はなかった。隣の側面を見てみるも、やはり窓はあるが入り口がない。

……裏なのか？

道に面していないほうに玄関がある、変わった造りなのだろうか。

しかし裏側の残り二面に回り込んでも、どちらも窓は付いているが、扉が一切見当たらない。

つまり四方に渡って、それぞれ窓を造りながら、玄関だけが設置されていないのだ。

幾ら辺りが雑草で覆われているとはいえ、まさかドアそのものを見落とすはずがない。

訝しみつつ、とりあえず窓からひょいっと内部を窺ってみたところで。

「ひぃっ」

甲高い悲鳴が漏れた。

リビングだろうか。薄暗いが、それなりに広々とした部屋。

そのテーブルの上に、食器が幾つか乗っている。しかしそれ以外の家具、棚や椅子などは横倒しになって、あちこち乱雑に散らかっていた。

そして後ろの壁には、赤く大きな染み汚れが、びしゃりと飛び散っているのだ。

これが、虐殺の跡なのだろうか。

噎《む》せ返るような暴力の匂いが、生々しく残されている。

……小堺の奴、からっぽだって言ってたじゃねえかよ……。

身体の奥底で、一段と恐怖が強まってくる。

とにかくもう、すぐにでも玄関を見つけなければ。早くしないと気持ちが萎えて、中に入るなんて絶対にできなくなってしまう。

振り向けば、兄貴がこちらを監視するように、じいっと睨みつけている。

切羽詰まった久根は、大急ぎで小堺に電話を掛けた。

「もしもし！　おい、今、Sの家いるんだけど！」

「おお、頑張ってるな」

「お前ここ、どうやって入ったんだよ！　どこにも入り口ねえぞ！」

「はあ？　いや、普通に玄関あんだろ」

電話しながらぐるぐると回り続ける。もう一周してみたのだが、やはり窓しかない。

「玄関どこだよ！」

恐怖と焦りが抑え切れず、小堺への怒声となって噴出した。

「ふざけてねえで教えろよ！　中もぐちゃぐちゃで血まで飛んでるぞ！　お前！　別の場所を、写真に撮ってきたんだろ！」

小堺からの応答はない。

「黙ってんじゃねえよ！」

少しの沈黙の後、電話口の向こうから、こんな返事が聞こえた。

「……お前、何言ってんの？　玄関ない家なんてある訳ないだろ」

——そうだ。

俺は何を言ってるんだ？　小堺がおかしいんじゃない。俺が慌てておかしくなってる訳でもない。最初からはっきり、分かってることだぞ。

——今ここにある、この家が、おかしいんだ。

遂に限界がきた。悲鳴を押し殺しながら、全速力で車へと駆け戻った。

怒鳴られる覚悟で、車の脇に立つ兄貴を見つめた。言葉を発したら泣き声になりそうだったので、無言のまま、頭をぶるぶると横に振った。

しかし予想に反して、兄貴も黙ったまま運転席に戻ると、エンジンを掛け始めた。

こうして二人は、Sの家を後にしたのだ。


後日、小堺から、例の写真をもう一度見せてもらった。

外観を見る限り、自分が訪れたあの家で間違いない。しかし内部については、もっと家具が散乱していたのだから様子が違う。

ただ、久根はまた別の意味で、ぞくりと震えてしまった。そのからっぽの部屋の壁や床は、確かに自分の見たリビングと同じように思えたからだ。

　また、兄貴は何故黙って帰らせてくれたのか、という疑問も残る。

「まあ、おめえ、あれは仕方ない……」

　また別の機会に、酔っ払った兄貴が次のような説明をしてくれたのだという。

「俺がずっと道路越しに見てたら、家の窓の中に、何か人影が見えたんだよ。離れてるから、本当に影だけな。でも輪郭とかは、やけにはっきりしてた」

　それでな、と一拍置いて。

「その人影、ずっと太鼓のバチを、床に向かって振り下ろしてたんだ」

＊

「……太鼓のバチ？」

　そこまで聞いたところで、私は思わず、煙鳥君の話をさえぎった。

「何、太鼓のバチって。棒みたいなもんってことでしょ」

　半分笑いながら聞いてしまったのだが、煙鳥君の口調は冷静だった。

「違うんですよ。自分も、そのときは何だそりゃって思ったんですけど。後で事件について調べてみたら、殺害に使われた凶器は、『太鼓のバチ』だったんです」

「……」

「で、話はここで終わらなくて」

この体験談取材から半年ほど経った頃。煙鳥君と久根は、また顔を合わせて話す機会があったのだが。

「小堺が死にました。自殺みたいっす」

そんな事実を、ぼそりと告げられた。

「あいつ、Sの家に行った後、何故か知らないけど、変な宗教にはまっちゃったんですよ。何て言ったかな、富士山絡みの、何とかいう団体」

その宗教団体にのめりこんでいった小堺は、いつしかグループを抜ける形となり、連絡も付かなくなってしまった。ここ半年は、ずっと消息不明だったらしい。

「それがこの前、富士の樹海の中で、山伏みたいな格好して首吊ってるのが見つかったって……」

どうやら、それは確かな事実のようだ。

煙鳥君は、地元の先輩（久根・小堺ともに共通の知り合い）の繋がりから、公的な書類を確認させてもらっている。そこには少なくとも、山梨県の樹海エリアで小堺が死亡したことが記されていた。

久根は独り言のように、こう呟いていたそうである。

「……俺、あの家に入らなくてよかった」

久根と小堺、二人の半グレが見たSの家は、それぞれ食い違っていた。

「実際はからっぽじゃなくて、家具が残っているほうが本当みたいですね。ユーチューブでも、そんな様子を映した動画があったんで。スマホを窓から突っ込んで撮影してる奴です」

確かに私も、数年前の室内の写真なら見たことがある。ルポライター八木澤高明さんの取材記事に掲載されていたものだ。その記事はミリオン出版系の雑誌に何度か転載されていたし、私も同じ雑誌に寄稿することが多いので、見覚えがあったのだ。

今、その雑誌を引っ張り出し、写真を確認してみると。

外に面した窓の障子は、小堺の証言通り、びりびりに破かれていた。室内の家具は、倒れて散乱しているというほどではないが、雑然と放置されている様子が伝わってくる。

恐らく、小堺や久根が訪ねた時期は、八木澤さんの取材より少し後になるだろう。となると、もう少し内部が荒れた状況になっているのも、不自然ではなく合点がいく。

「つまり、窓や玄関など外の部分については小堺の言う通り、内部の様子については久根のほうが正しいってところだね。さすがに血痕は見間違えだと思うけど……」

どちらも一方では現実を、もう一方ではあり得ない光景を見ていた。こうした内・外の食い違いが、何とも奇妙な要素である。

「逆に言えば、小堺は、あるはずのないからっぽの空間に迷い込んだ。久根の場合、やたら窓がたくさんあったり玄関がない、幻の外壁を見ていたってことですね」

二人の食い違いはそこだけではない。

小堺はこの後、何かに縋るように宗教へと走った末、自ら命を絶ってしまった。一方、久根は曲がりなりにも生き延びている。

久根はむしろ、上手く助かったのだろう。自分の直観によるのか、自分を守護する何かのおかげか。とにかく、何かの手助けによって玄関を見つけられず、家の中に入れなかったのだが、それが幸いとなった。

逆に小堺は、呼び込まれてしまったのだろう。Sの家に、その中にある空間に手招きされて、まんまと入ってしまったのだろう。

「そんなふうに、全く怪談らしい解釈をすることも可能だよ。可能なんだけど……」

では、小堺が目の当たりにし、撮影までしたという、あの「からっぽの部屋」が何を意味しているのか。

それについては、私達二人が幾ら頭を捻っても、何一つとして解答を思いつかなかったのである。

犬爺

煙鳥君の実家がある集落に、かつて犬好きのお爺さんが住んでいた。

いつから始まったのか定かではないが、彼が物心付いた頃には既にお爺さんの家には飼い犬がいて、犬が病気や老衰で死ぬと、また違う犬を飼うことを繰り返していた。夕方、犬の散歩をするお爺さんの姿は、その集落で馴染みの光景だった。

お爺さんは「犬爺ちゃん」(以下「犬爺」)と呼ばれていた。

煙鳥君が里を出てから、犬爺は亡くなった。

これは煙鳥君が帰省時に祖母から聞いた話である。

ある日、犬爺の孫が家に帰ると、いつもは外で鎖に繋がれている犬の姿がなかった。犬爺が散歩に出るにはまだ早い時間だったが、何かのお出かけに連れていかれた可能性もある。

「ただいま。あれ?　爺ちゃん、いたんだ」

犬爺の在宅を確認すると、孫は犬の不在について問うた。

片時も愛犬を自分の傍から離そうとしない犬爺にしては、珍しいことのように思える。

「ああ、犬か。一人で世話してるの馬鹿らしくなったんだ。だから、山に行ってスコップで潰してきた」

「え？　爺ちゃん、何？　スコップで何？」

「だから。山でスコップでもって潰してきたんだ。一人で世話してるの馬鹿らしくなったんだよ」

犬爺は事もなげにそう言った。

孫は急いで外に出て、軒先の様子を確認した。

見るとスコップが転がっており、それには犬の毛や皮、赤黒い液体がべっとりと付着し、既に乾きかけていた。

――山に行ってスコップで潰してきた。

孫は山に確認しにいくのを躊躇《ためら》い、犬の不在も犬爺の言動もそのままにして家に戻った。

その日から、犬爺の様子が変わった。

道すがら、人目を憚《はばか》らずに大小構わず排泄をする。

深夜に「おんおん。わおーん」と騒ぐ。

キョロキョロと辺りを見回しては、鼻をぴくつかせる。

まるで、犬のように。

集落の誰もが犬爺の奇妙な行いを、不憫《ふびん》に感じた。あれほどしっかりと犬の世話をしていた犬爺も、歳を取るとこうなってしまうのか。

結局犬爺は、いつまでもそんな様子のまま、老衰で亡くなった。


煙鳥君は祖母からこの話を聞いた日の夜、スカイプ上で開く小さな怪談会に実家から参加した。

そして、参加者の何名かから、「煙鳥さん、犬飼ってます？　犬の声をマイクが拾ってますよ」と言われた。中には「犬っていうより、犬の真似をした人の声って感じにも聞こえますけどね」と言う人もいた。

「え？　そうですか？」

イヤホンを外して確認してみたが、部屋の中はしんとしていた。

集落の夜は、いつもこんなふうに静かなのだ。

生活

煙鳥君の交友関係はとても広い。

この話は、煙鳥君がマタギのガンさんに「熊狩りは難しいのですか」と小学生のような質問をするところから始まっている。


「熊は難しいよ。命のやりとりになる。覚悟がいるね」

「ほええ。やっぱ、そうなんすねえ」

「猿もね、なかなか大変なんだよ」

「はああ。猿。はああ」

「山から下りてきて、畑なんかを荒らしちまうんだよ」

「食害って奴ですね。鹿とかもそれやるんすよね」

「生活を脅かし始めたら、対応しないと駄目だね」

「ほええ。それはそうですよねえ」

「猿が難しいんだよ。ありゃ、撃てない」

「ほおお。撃てないんですか。それはまた……何でですか？」

＊

「頼むよ。しつこくて困る」
一軒の農家から、猿の駆除を頼まれた。
ガンさんは程よい茂みを見つけると山と畑に身を向け、ひたすら猿の登場を待った。
これまで何匹も駆除している。現れたら狙って撃つ。
暫く焦れていると、一匹の猿が姿を現し、まんまと射程内に入った。
静かに銃を構えると、ちょろちょろと畑に駆けていた猿の動きが止まった。
目が合った。
逃げられる前に仕留めようと、引き金にじわじわと力を込める。
(……ん)
猿はガンさんに向き、合掌した。
(何だ、あの動き)
猿は合掌して、もさもさと何度かの黙礼をし、次に地面に膝を突いた。

ペコペコと頭から上半身を下げるその動きは、正に土下座。

（おいおい。この猿、命乞いしてやがる……）

猿とはいえ、人間さながらにこうまでされては、どうにも引き金を引くことができない。

「もういい！　いけ！」

ガンさんは茂みから身体を出し、手を振って猿を追い払うことにした。

＊

また、ある日のガンさん。

銃口の先には畑の中で立つ猿の親子がいた。

このときも、母猿にマタギの存在がバレてしまった。

母猿は子供を抱きしめ、背を向けた。

親子の情にほだされたガンさんは、また猿を逃すことにしたそうだ。

＊

結局のところ、ガンさんは猿が人間のような仕草をするから、「猿は難しい」と言ったのである。聞くといつもわざと猿を逃がし、とにかく撃たないで済ますのだそうだ。

煙鳥君がマタギの話に「ほええ」と相槌を打つ座談の場には、ガンさんと同じ集落に住む年配の女性が同席していた。女性は一度、ガンさんの仕事に付き添ったことがあるとのことで、煙鳥君はガンさんが席を外しているときに、改めて猿について訊ねた。

「あのマタギは猿を撃ってくれないんだ。撃てばいいのに……」

*

ガンさんが猿に銃口を向ける。

猿は手を口元に添え、歯を剥き出して肩を震わす。

への字になった目と口の歪み具合は、まるで笑いを堪えているようだ。

その太々《ふてぶて》しい態度を見ても、何故かガンさんは引き金を引かない。

「いけ！　いけ！」

暫く悩んだガンさんはとうとう大声を上げて猿を逃す。

猿は大口を開けてひょうひょうと山へ走り去る。

その姿がまるで大笑いをしているように見える。

＊

「ガンさんは猿を人間みたいだって言うけど、確かにあの笑い顔は、どう見てもこちらを馬鹿にしてる人間のそれだった」

煙鳥君が私（高田）に渡した取材メモは、『一体、どちらが本当の猿の姿なのだろうか』と締め括られていた。

断然、大口を開ける猿の姿のほうが、現実味を感じさせる。

ならば、土下座をしたり身を挺して子をかばったりする姿は幻影なのだろうか。

私はまず、幻影に惑わされ、銃口を下げるガンさんの姿を思い浮かべた。

幻影の向こうには嘲笑う猿。

次に、猿に対する揺るぎない殺意を持った年配の女性を想像した。

猿は女性に怯えていたのだろうか。

いや、猿はまたも嘲笑っていたように思える。
どうせ、この婆さんは銃を持っていない。
山の中で撃たないマタギは有名人だ。
逃げろ逃げろ。
土台、どうしたって撃たれてたまるもんか。
こっちも、生活が掛かってるんだからな。

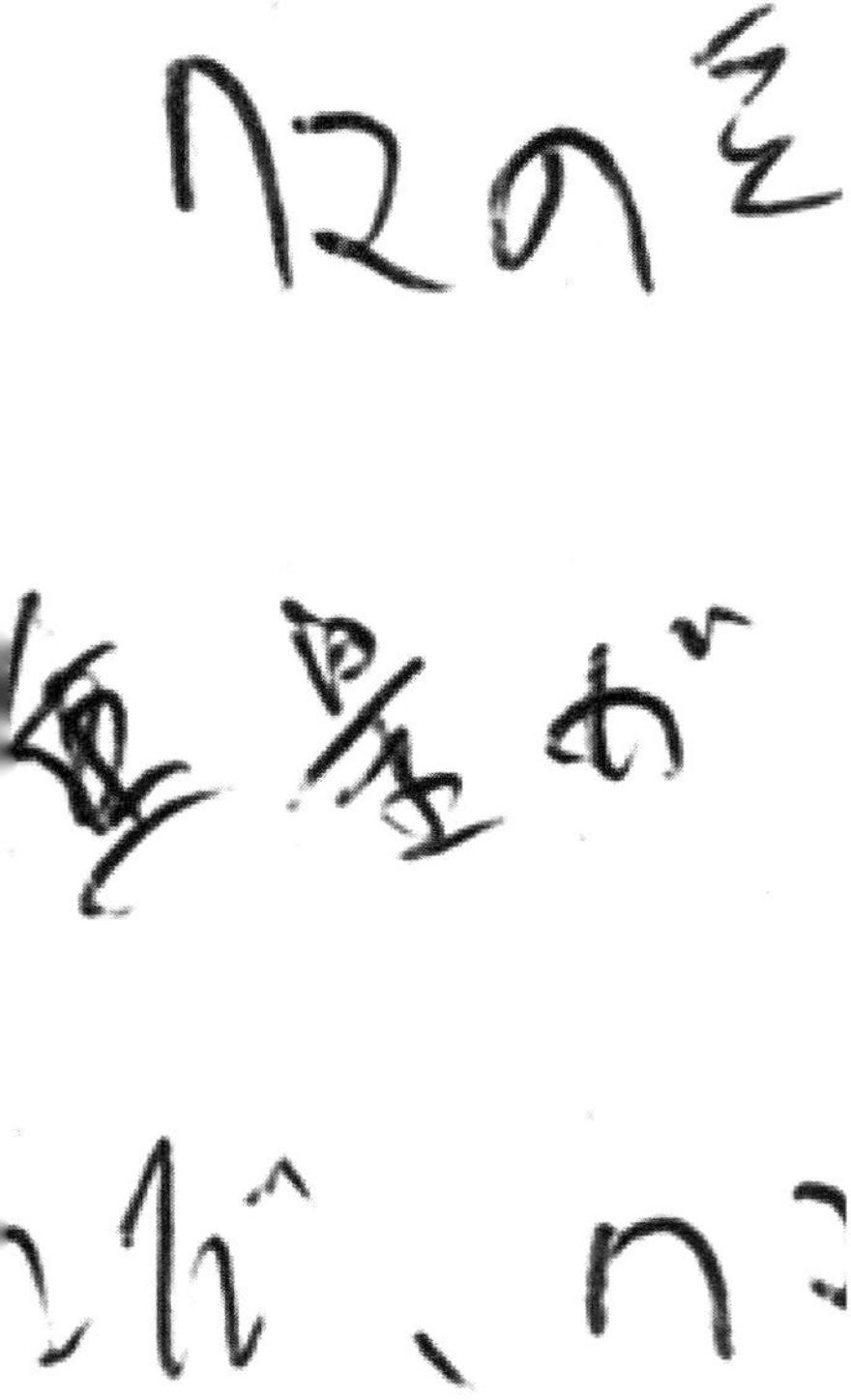

【体験談取材時の煙鳥ノートより】

← クマの頭には 弾のあと、頭だけはとっておく、頭には日付 場所.
金星が書かれている. クマ1頭がクッキー缶に入っていた. 一族でかなりの数.
ただ、クマよりもサルの方が大変 → 作物を山から集団でおりて
食害 ex. シカ、鳩.
もっていってしまう. 「サルはうてない、難しい」

四度目

——夢を見たんです。

私が十六歳、女子高生だった頃の、ある日の夢です。

私は、見知らぬマンションのエレベーターに乗っていました。扉に細長い窓があるタイプで、下から上に向かって、各階を通過していく様子が見て取れます。

どのフロアも、窓の前には階段があり、壁に階数表示が大きく描かれています。そしてどのフロアにも、上り階段の上から三段目に、誰かが立っています。

こちらの角度からは、その足だけしか見えません。恐らく女性の、ふくらはぎから下、真っ白い裸足の両足が、揃って立っています。

……4F……5F……6F……7F……ぐんぐんエレベーターが昇っていきますが、どのフロアの階段にも、全く同じ、裸足の両足が、揃って立っています。

そして最上階にきて、チン、と扉が開きます。

私は、恐る恐る外に目を向けます。

外には、誰もいませんでした。

それはよかったのですが、あの白い足の女が、いつ階段を上ってくるか分かりません。

私は急いで一番下の階のボタンを押し、扉を閉めました。

ぐんぐん降りていくエレベーター。怖いのですが、どうしても細長い窓の向こうが気になってしまいます。今度は上から下に、各フロアの風景が流れていきます。

階段を下りてくる女の人が見えました。

白いワンピースを着た、バリバリと硬そうな髪を長く垂らした女です。やはり真っ白い、裸足の両足なので、同じ女だと分かりました。

エレベーターは、ぐんぐん下に降りていきます。

しかしどの階でもどの階でも、私を追いかけるように、女は階段を下りてくるのです。


――こんな夢も見たんです。

最初の夢から、数日経った夜です。

私は、見知らぬデパートのエレベーターに乗っていました。うちの車のキーを持って、地下駐車場を目指していたのです。

今度のエレベーターは満員で、人の出入りがたくさんありました。各階に停まって……降りていく人……乗り込む人……。

どうしてでしょうか、私は段々、酷い気分になっていきます。

何か嫌なことが起こりそうな、何か嫌なものが近づいてくるような、そんな気配が増していくのです。

またどこかの階に停まり、数名の人が乗り降りします。

と、その扉が閉まる直前、人々をすり抜けるように女が乗ってきました。

どこにでもいそうな、二十代くらいの女性です。

何の特徴もない、至って普通の顔と服装をした女の人です。

でも私は、その人が嫌で嫌で仕方ありません。

次の階に着くと、女性はまた人々の間をすり抜け、エレベーターから出ていきました。

彼女がいなくなったにも拘らず、私の嫌な気分はますます大きくなり、やがてそれは強い確信となります。

……あの人は、私に何かをなすりつけたのだ。

……そして、そのまま逃げてしまったのだ。

そんなことを考えているうち、いつのまにかエレベーターの中は私一人になっていました。

そのまま地下駐車場に着き、チン、と扉が開きます。

真っ暗、です。

駐車場の中は、一切明かりが点いておらず、何も見えません。ただエレベーターの照明が、目の前の床を照らしているだけ。

その床に、女がうずくまっていました。両手両足を付き、白いワンピースの身体を丸めて、バリバリの長い髪を前に垂らし、顔を伏せています。

この前の、夢の女だ。

そう思った途端、ばっ、と女が顔を上げました。

そして私を見るなり、こう呟いたのです。

「またお前か」

——そしてこれは、夢ではないのですが。

また数日経った、ある夜のことです。

深夜に目が覚めた私は、自分の身体が酷く重たくなっていることに気が付きました。

動かそうと頑張れば、何とか手足を動かせます。ただし全力を込めても、ゆっくりとしか持ちあげられません。

まるで、どろどろの液体に身体ごと沈められたまま、もがいているような感じです。

……ああ、例の奴が始まった……。

私はなるべく心を落ち着かせ、ゆっくり手を動かし、枕元のケータイをさぐりました。

この頃の私は、こうした金縛りもどきに何度も掛かっていたのです。そして、どう対処すればいいのかという方法を、自力で発見していました。

ケータイを開いて時刻表示を見るか、テレビを点けて番組を流す。そのどちらかの画面を見た瞬間、身体が元通りに軽くなります。

恐らく「日常」を目の当たりにすることで、普段の状態に引き戻されるのでしょうか。

そのときも、必死になって枕元のガラケーを掴み、折りたたまれた機体を開きました。

しかし、その画面を見た途端、ぞっと寒気が走りました。

何の明かりも点かず、画面はひたすら黒いまま。電源が、切れていたのです。

こんなの、あり得ない。

当時の私は、ケータイ依存症といえるほど、一日中ずっとこのガラケーを見て過ごしていました。絶対に充電を忘れるはずないし、そもそも電源コードは繋がったままなのです。

おかしいと思いつつ、また何とか手を動かし、横にあるテレビのリモコンを掴みました。

そしてテレビの電源を点けたのですが。

画面に映し出されたのは、ザーッという砂嵐だけでした。

ああ、もう駄目だ。

手足の重さは、全く治まりません。いつもの解決手段が、全て断たれてしまったのです。

こうなったらもう、何とか眠りに就くしかない。

対処を諦めた私は、そのまま手足の力を抜いて、布団の上に仰向けになりました。

テレビの砂嵐が、部屋をぼんやり明るく照らしています。

その白い光に、また何か白いものが照らされました。

敷き布団の右の足元に、誰かが立っている。

夢の女、でした。

白いワンピース、バリバリの長い髪、俯いた顔。そして、裸足の両足……。

女はこちらを見もせず、顔を下に向けたまま、じっと立ちつくしています。

私は重苦しい両手に力を込め、掛け布団を掴むと、ゆっくり上へ上へと持ちあげました。

そのまま、何とかして、布団を頭の先までかぶって……。

＊

「そうやって朝まで過ごしたんですよ。これ、怖くないですか？」

鰐子さんは、ここで自身の体験談に一区切りを付けた。

「うん、怖い！　夢から女が飛び出してきたんだ！」

聞き手の煙鳥君が相槌を打つ。

彼にコンタクトを取ったのは、鰐子さんのほうからだ。自身の体験談を煙鳥君に提供するため、ツイッターのＤＭから連絡。この聞き取り調査が実現したのである。

スカイプ通話による音声のみのリモート取材なので、お互いの表情は見えない。しかし恐らく、向こう側の煙鳥君は、満面の笑顔で怖がっているのだろう。

「それが十年前のことで、この夜からはずっと、金縛りに遭ってません。気の持ちようなのかな……。こんな目に遭うのはもう二度と嫌だと思って、必死にケータイで検索しましたから。『金縛り　遭わない　方法』で」

「そんな方法あったの？」

「それで出てきたのが『会いたい人に会いたいと願いましょう』ってやり方だったんです」

「え、それはどうして」

「今になって考えると、死んだ祖父母とか恩人のことを念じれば、その霊が金縛りから守ってくれるとか、そういうことだったんでしょうね」

「なるほど」

「でも当時の私はそのポイントがよく分からなかったので、大ファンだった『大沢たかおに会いたい、大沢たかおに会いたい』ってずっと念じてたんですよ。それでも二度と金縛りに遭わなかったのは確かなので……」

「本当に効くんだ！　凄いな、その方法……」

しかし不気味なまでに意味不明なのは、「夢の女」である。そんなものに付きまとわれる理由など、鰐子さん本人には全く見当が付かない。

「何だか……」鰐子さんが感想を告げる。

「あの女の人、私のところに来たかった訳じゃない、他の誰かのところに行きたかったんだ、と思うんですよ」

「そうだね、『またお前か』って、ちょっと悔しい感じがこもっているというか……。夢の女も本当は、二度目の夢に出てきた女性、エレベーターから逃げていった女性のところに出たかったのかもしれない」

「そうなんですよ！　『何かをなすりつけられた』って、そのときに凄く強く感じたので」

「その人は、鰐子さんの夢に出てきたけど、『夢の女』とは違う感じだね。鰐子さんと同じ『生きている人間』かもしれないね」

ただそうなると、意識的に夢を駆使して、厄介なものを他人に移動させる人間がいるということになる。そういった呪術めいた行為が、どこかでなされているということになる。

それはむしろ、夢の女よりも恐ろしい存在ではないか。

煙鳥君は、そこに恐怖のポイントを強く覚えたのだろう。後に鍔子さんの怪談を発表する際、「エレベーターの女性に、何かを押し付けられた」部分を、話の最後のオチとして強調している。

まあ、それはともかくとして。

このスカイプ取材が行われたのが、二〇二〇年七月のこと。

それから二カ月後、煙鳥君らが主催するVR怪談会に参加した鍔子さんは、彼に次のような体験を打ち明けることになる。

*

——また、夢を見たんです。

この前の取材から、すぐのことです。

私は、今は住んでいない実家の中庭に立っていました。

そこには、全然知らない五十代くらいのおじさんも立っているのです。

何故か、そのおじさんは、酷く怒っています。一切声を出さないけれど、目を血走らせ、口を大きく開いて、私を怒鳴りつけるような仕草をしています。

そして私に、煤けた赤茶色いレンガを、ぐいぐい押し付けてくるのです。

無理やり押し付けられるから、私も受け取ります。おじさんは続けて、それを縁側に積み重ねろ、というジェスチャーをしてきます。

仕方ないから、私はそれを縁側に乗せます。

おじさんは、またレンガを押し付けてくるので、受け取って、また縁側に乗せたレンガの上に積みます。それをずっと繰り返します。

そのうち私は、不意に縁側の上が気になります。見上げると、天井の梁に、先端が輪っかになったロープが括《くく》りつけられていたのです。

ああそうか、と私は気付きます。

私が作らされている、これは足場なんだ。

これから誰かが、私が積んだレンガに上って、首を吊って死ぬんだな。

そこで目が覚めました。

自分がいたのは、当たり前ですが、大阪で一人暮らしをしている部屋のベッドの上でした。

気味の悪い夢だったなあ……。

などと思っていた、その瞬間です。

頭の中で、あることが閃きました。

今の夢とは一切関係ないのに、何故か、あの「夢の女」のことを思い出したのです。

……何で、今まで、忘れてたんだろう？

あの女が、自分の布団の足元に現れたとき。

あのとき、自分は頭の先まで布団を被って、ひたすら震えていた。

そのまま何事もなく助かった……そう記憶していたけれど。

そうだ、あの布団の中で、私はずっと耳を澄ませていた。何しろ真っ暗だから、物音だけがよく聞こえてしまう。

……すっ……すっ……。

布団の脇から、あの女が枕元に近づいてくる足音が聞こえる。

どうしよう、どうしよう。私が怯えて、縮こまっていると。

頭に被った掛け布団が重くなり、おでこの上に張りついた。布団の上から、何かがくっつけられている。

口だ。

あの女が、布団の上から口を押し付けている。
すぐに分かった。何故なら、綿と布地を通して、ぶるぶると震えが伝わってきたから。
歌っている。
布団一枚隔てて、あの女が、歌っているのです。
一体、何の歌だったのか？　それは分かりません。
でも、節の付いた、音が上がり下がりする何かの「歌」だったことは、確かなのです。
何で私に、歌なんて聞かせていたのか……。
何でこのことを、先日、煙鳥さんに取材されるまで、ずっと忘れていたのか……。
それは、全く分からないのですけど。

＊

以上が、二〇二〇年夏、鰐子さんから煙鳥君へと語られた体験談である。煙鳥君はこれに『三度目』というタイトルを付け、インターネットの放送で発表している。

私・吉田は同話を再構成するに当たって、まず取材者である煙鳥君、続いて体験者である鰐子さん、その双方へ再取材することにした。

それはつまり『三度目』という話だけでなく、「煙鳥君・鰐子さんの取材風景」を再取材する行為でもあった。

私個人の感想だが、これは「語り直すことで変質していく怪談」なのではないか、と考えたからだ。

鰐子さん本人は、語り直すことで過去の体験を思い出したではないか。更に煙鳥君の解釈が加わることで、改めて恐怖の視点が成立していったではないか。

語り・語られる風景を抜きにしては、この怪談は完成しないのだ。

……最後に、煙鳥君の取材では触れられなかった部分を伝えておこう。

何故触れられなかったのかといえば、昨年夏の取材時には、鰐子さん本人がそれをすっかり忘れていたからだ。

煙鳥君の取材だけでなく、また今回の私の再取材でも、新たな部分が明らかになったのである。

やはり語り直すほどに、この話の輪郭が、あの夢の女の存在が、段々形を成していく。

あと一度でも語り直せば、何かの謎が解けるのかもしれない。

＊

――これは、煙鳥さんにも話してない、最近になって思い出したことなんですけど。
布団の横に立っていた、あの夢の女。
猫背で、頭を俯けて、バリバリの髪の毛が顔に掛かって、腰まで掛かっていて……。
そしてやっぱり、白い、裸足の両足がありました。
私はそのとき、確かに見ていたのです。
その、裸足の指が十本、思い切り内側に折れていたのを。
まるで何かを掴むように、固く力を込めて、ぎゅうっと曲がっていたのを。
何故でしょうか、今までずっと忘れていたのです。
でも今では、はっきりと思い出せます。
あの、指を丸めた裸足の足を。
それを見た私が、こう思ったことも。
――凄く寒そうだな、と。

まるでライトが

煙鳥君が大学生だったときのこと。

「シンさんって男性に、いつも心霊スポットに連れていってもらってたんですよね」

シンさんは人文学科の二年上の先輩だ。専攻は違うのだが、学科飲み会で顔を合わせたところ、お互い「怪談好き」と判明して意気投合。

「車に乗って、毎週末、東京辺りの心霊スポットを回っていこうぜ、ってことになりまして」

金曜か土曜、もしくはその二日とも、夕方辺りにJR日野駅へ集合して、シンさんの車で首都圏を巡る。朝日が昇るまでをタイムリミットに、オールナイトの心霊スポット探検だ。

八王子城址、道了堂、吹上トンネル、畑トンネル、花魁淵、首つり鉄塔……。

そんなツアーを一年以上も続けていった頃の、真夏のある日。

「今日は埼玉県のほうに行ってみよう」

多摩地区から埼玉西部へ、軽自動車でどんどん北上していき、たどり着いたのは「Mの墓」。太平洋戦争の戦死者達を弔った慰霊施設である。

その前にいろいろと寄り道していたので、現地に到着した頃には、もう深夜二時を過ぎていた。

山道を進んだ先の、がらんとした駐車場に車を停める。辺りには墓場と公園くらいしかなく、その他は黒々とした木々に包まれているだけ。

駐車場の前には、長くて立派な階段があり、この山の頂上へと続いているようだ。

「あの、てっぺんに見えるのが納骨堂ですかね？　他に、石の慰霊碑もどこかにあるみたいですけど……」

階段を上りながら、煙鳥君が説明する。

頂上の空間へと顔を向ければ、二灯の大きな照明ポールが、それぞれ左右に設置されているのが見える。街路灯でよく見かける、まっすぐなポールが上のほうで横に折れ、その先にライト部分が付けられているタイプだ。

かなり強い光で照らしてくれているので、下からでも納骨堂の建物が目視できる。勿論「出る」とされるのは、この階段から頂上に掛けてのポイントだ。

「やっぱり山だから虫の鳴き声凄いですね……何か変な虫に刺されたら嫌だなあ……」

煙鳥君の言葉に、「うん」とか「おお」とだけ相槌を打っていたシンさんだったが。

「何か、子供いるよな」

突然、妙なことを問いかけてきた。

「はい？　子供？」

「子供の声、するだろ。こんな夜中に遊ばせてるのか」

何だろう。自分をからかっているのか、怖がらせようとしているのか。

「いや、聞こえるだろうが。上のほうから」

だが、シンさんの表情、口ぶりからは、そのようなニュアンスは感じられない。至極当たり前のことを訊いてるのに、煙鳥のほうがおかしいぞ、と言わんばかりである。

それに……そう、シンさんは、肝試しによくあるような冗談を酷く嫌うタイプのはずだ。

以前、他の学友達とともに心霊スポット探検に出たとき。

「あっ、ほら、何か霊が見える！　変な声が聞こえる！」

などと、ふざけて怖がらせようとした奴に対して、

「やめろ。そういうの、いらねえから」

シンさんは、柔らかさの欠けらもない、ドスの利いた声と目つきでたしなめた。決して
怒鳴りはしないが、氷のように冷たく、有無を言わさぬ凄みで相手を黙らせる喋り方だ。

「シンさん、クラブでばんばん遊んでて、全身スケーターブランドの、いかついラップやっ
てるような人だったんで、みんな怖がってたんですよね」とは煙鳥君の弁。

ではないようだった。

また、彼が心霊スポットに行くのも、幽霊の類を信じて怖がっているから、という理由ではないようだった。

「むしろ、絶対に霊なんているはずがないと思ってるタイプ。いないことを証明するため、頑張って心霊スポットを巡ってたような気がします」

だから各地を訪れるたび、怪談じみた噂として囁かれる「してはいけないこと」を、必ず試していた。心霊トンネルでクラクションを三回鳴らす、触ってはいけない木や石に触る、あるポイントから反時計回りに歩く、といった類のことだ。

それでも、一度たりとも不思議な目に遭ったことはない。その点については、付き添っている煙鳥君自身も身に染みていた。

何をどうしようが、不思議なことなんて、そうそう起こらないのだ……と。

そんなシンさんが、今回だけふざけて、自分をビビらせようと嘘を吐いている？

いや、それは絶対にあり得ないだろう。

本当に子供がいる可能性だってある。この頂上の周りに民家でもあって、そこの子が騒ぎ声を上げているのかもしれない。

そんなことを考えているうち、階段を上りきってしまった。目の前には、白くて無機質な、何だかアートっぽいフォルムの納骨堂がそびえている。

「ほら、やっぱりそこから聞こえるだろ、声」

シンさんはそう呟きながら、建物の裏側を覗き込んだ。

勿論内部への入り口は施錠されている。他に足を踏み入れられるのは、入り口脇の階段を上ったバルコニー部分だけだ。シンプルな建造物で、それら全体をパッと見渡せるので、誰もいないのは一目瞭然である。

「あれ、いないぞ。おかしいな」

首をひねるシンさんだったが、特に恐怖を感じている様子はない。本当にはっきり声が聞こえたから、むしろ怪現象のはずがないと確信しているのだろう。

一方、煙鳥君は懐中電灯で周囲を照らしてみて、そこが本当にただの山の頂上であり、納骨堂の他は木々が鬱蒼《うっそう》と茂っているだけと確認した。民家など建てようがないし、建物の外周の他は、どこにも歩き回れるところなどなさそうだ。

そのような立地なので、探索自体も十分程で終わってしまった。

「……じゃあ、そろそろ戻りましょうか」

最早見るべきものもないし、子供の声うんぬんというのも気味が悪い。せっかく遠出してきたものの、すぐ帰ってしまうことに抵抗はなかった。

そこはシンさんも同意して、二人で階段を下り始めたところで。

「あ、そうだ」不意に思い出したことが一つ。

「シンさん、あれ、やっておきましょうよ」

ここに来る前、エノさんという別の先輩から、「してはいけないこと」を教えてもらっていたのだ。

Mの墓から帰るとき、階段を下りる途中で、決して後ろを振り返ってはいけない。

その理由は、振り返った先に見える、照明ポールだ。何故か帰り際だけ、二本あるライトのうち一本だけ消えていることがあるそうだ。

そして、その消えているライトを見てしまったものは、近いうちに死んでしまう……。

といった噂が、現地の若者達に囁かれているらしい。

「おお、そうだな」

「じゃあ、行きますよ。いっせーのせ、で」

階段の途中で立ち止まり、煙鳥君が号令を掛ける。

――いっせーの。

せ、と振り向いた先に見えたもの。

それは、先ほどと変わらず光を発している二本のライトだった。

まあ、そうだよな、と煙鳥君は思った。

何をどうしようが、不思議なことなんて、そうそう起こらないんだよな……。

「やっぱ、変化ないですね」

横向きに、シンさんへ声を掛ける。ふと、その表情に違和感を覚えた。

「ああ……そうだな……」

などと生返事している彼の視線が、やけに下のほうを向いている。ポールの照明部分というより、根もとの地面を、何故かじいっと見つめているのだ。

「……どうしました？」

こちらの問いかけに答えないまま、シンさんの顔の向きと視線は、すうーっと上のほうへ流れていった。それがまた、ピタリ、と止まる。

そして一秒、二秒ほどの静寂の後。

「……あっ！」

突然、シンさんは顔を歪ませ、身体を翻《ひるがえ》し、全速力で階段を駆けおりだした。

「え、え、どうしたんです？」

驚きの余り、煙鳥君がすっとんきょうな声を上げる。

「おめえ！　いいから！　早く下りろ！」

こんなに取り乱したシンさんを見るのは初めてだ。意味不明ながら、とにかく必死になって走りだす。

向こうはもうとっくに下に下り切って、車に乗り込み、エンジンを掛け始めていた。

「乗れ！　早く乗れ！　おい！」

これまで聞いたことのない怒声に、足を突き動かされる。

「ちょ、ちょっと待って……」

何とか煙鳥君が転がりこんだところで、車が急発進する。そのままの勢いで、山道のカーブを乱暴に曲がっていく。

「え、どうしたんすか」

シンさんは青ざめた顔で、前だけを見つめている。

「ちょっと！　何なんすか！」

さすがにこちらも、少しだけ声を荒らげたのだが。

「……喋るな、うるせえ」

ドスの利いた冷たい声によって、車内は沈黙に包まれた。

山を下りて少しすると、コンビニの明かりが見えた。

その敷地に車を突っ込み、駐車枠など無視して斜めに停車すると。

「お前、分からねえの!?　見てねえのかよ!?」

左手でこちらの肩を掴みながら、シンさんが叫んだ。

「何なんですか?」

「ライトだよ!」

「ライト……いや、ライトって何ですか?」

「……そうか、本当か、そうかあ……」

シンさんはそう呟くと、次のような説明を始めた。


いっせーのせ、で振り向いただろ、あのとき。

確かに、ライトは両方とも点いていた。やっぱり何もねえな、と俺も思ったよ。

ただ、そっちじゃないんだ。上じゃなくて、下。根っこのほうだよ。

二本あるうちの、向かって左側のライトだな。

その根もとに、子供がいたんだ。何かこう、ポールに抱きつくような形で両腕を回してるんだよ。

半分、影みたいになってたから、よく見えないよ。でも背丈なんかは明らかに、五歳くらいの幼児だった。

あ、やっぱり子供いるじゃん。さっきの声はこの子か。

そう思ってると、ぐいって子供が上に浮いた。いや浮いたんじゃない。ポールを登りだしたんだ。

両手両足で抱きついて、両手をぐいっ、両足をぐいっ、って。小学校の登り棒あるだろ。あれみたいに、ぐいぐいぐい、どんどん登ってく。

しかも、速いんだ。すぐに勢いが付いて、蜘蛛みたいなスピードで、ざざざっと。

何だこれは、って思わず見とれているうち、あっというまに上まで着いちまった。

ポールに沿って動くと、てっぺんの曲がっているところから、横への移動になるよな。

さすがにそこは動きにくいのか、少しゆっくりになって、でも手足を止めずに、子供の影が進んでいくんだ。ライトのほうへな。

まず頭の先っぽと手が、光っている部分にかぶさった。少しライトが暗くなるだろ。

そのすぐ後、肩までぐいっとかぶさる。また少し暗くなるだろ。

そこで、俺、気付いたんだ。

このままだと、子供の全身が、照明部分をすっぽり隠しちまう。

そうなると、分かるよな?

まるでライトが、消えたように見えるよな?

もしそれを見たら、俺は、死ぬ。

そう思ったから、咄嗟に顔をそむけて、階段を駆けおりたんだよ。

あれ、何なんだよ。分からない、全然分からねえけど、とにかく……。

「……俺、お祓い、行くわ」


「そう言っていた通り、シンさん、後日、本当にお祓いしてもらったみたいですね。そのおかげか、特に悪いことは起こらなかったようですけど……」

その体験で懲りるかと思いきや、シンさんは以降もずっと心霊スポット通いを続けたのだという。

いや、以前よりも熱心に、また別の目的を持って、それらの場所を目指すようになったのではないか。そんなふうに、煙鳥君には感じられたそうだ。

「何と言うんですかね……」独り言のように、煙鳥君が呟いた。

「あれで、目覚めちゃったのかな」

それはシンさんのことを指しているのか、自分自身を指しているのか、どこか微妙な物言いだった。

こうもりの穴

雪国で働く消防団員の方から聞いた話。

ある年の冬、一人の男性が行方不明になった。

何かの用事で家を出たっきり、深夜になっても戻らないとの110番通報。

警察と消防団員らであちらこちらと捜索したが見つからない。

「参ったな。手掛かりもねえ。こうなりゃ神頼みだ」

消防団員の中に拝み屋の祖母を持つ者がいた。

団員の数人がその拝み屋の元へ行き、話を聞いた。

「今は見つからねえどこさいる。……穴っぽごだ。こうもりの穴だ。こうもりの穴っぽごさいるべ」

齢九十五歳の拝み屋は、それだけ言うと目の光を失い、「ああ?」「わがんねえな」と要領を得ない返答を繰り返した。

「悪い。婆ちゃん、ちょっと認知症が入っててさ。耳も遠くて……」

「でも、穴っぽごだって言ってたな。山じゃねえが？　ここいらの山、洞窟がいっぱいあるべ」

「ああ、んだ。こうもりの穴ってなら洞窟だべ。まんだ、洞窟だば見でねえ。そういうこどかもしれねえ」

団員は山に入り洞窟を中心に探して回ったが、冬の山中では二次被害の危険性がある。結局、捜索は打ち切りとなった。

そのまま男性は発見されず、冬が終わった。


雪が解けた頃、男性を見つけたのは山菜採りに行った近所の住民だった。遺体は山中の縦穴にあった。

腐った木を踏み抜き転落したのだろうと、警察は見立てた。

つまり、冬場には雪の下に埋まっていたということだ。

しんしんと雪が降り積もっていき、時には猛吹雪の様相を見せていたあの捜索の夜では、決して見つかることはなかっただろう。

——今は見つからないどごさいる。

老婆の言葉が、春の陽光に照らされる。

穴には、男性が持っていたであろう真新しいものも含め、大量のビニール傘が詰まっていた。

——こうもりの穴だ。

——こうもりの穴っぽございるべ。

傘を差すたびに、この話を思い出す。

ロスト・ボーダー

彼とは合コンで出会い、付き合いが始まった。

その日は彼の部屋で、夜遅くまで遊んだ。

お酒を飲み、事後は裸のままピロートーク。

そろそろ帰ろうかと、服を着る。

が、黒地に縞模様が付いた靴下の、片方だけが見つからない。

どこだどこだと、部屋の中をキョロキョロする間に終電の時間が迫ってきた。

「もういいや。探しておいてよ」

彼にそう言い渡し、裸足のまま靴を履いて帰ることにした。

その日から、やけに仕事が忙しくなり、彼に会えない日が続いた。

他愛もない事案故、紛失した靴下は忘却の彼方へ。

そのまま冬を迎えると、両親に頼んでいた石油ストーブが実家から送られてきた。

ふとストーブの構造が気になり、何となしに上部の蓋を開けてみたところ、見覚えのある靴下が石油タンクの上に乗っていた。

黒い縞模様の靴下。
何で、靴下がここに。
あれ？　これ彼の家で失くした奴じゃん。
でも、何で？
衣装箪笥の引き出しを確かめると、確かに片方だけ残されたその靴下があった。
タンクの上にあったものと併せて、ひと揃い。
彼に電話をした。
珍事を興奮気味に伝えるも、
「えっ……あ……そう……」
と、つれない返事があった。
そのまま会話は盛り上がることもなく、「ごめん、今忙しいから」と電話を切られた。
どうしたんだろう。
いつもと違う。
その電話以来、二人は更に疎遠になった。
後日、知人から彼が既婚者であることを聞いた。
単身赴任中だったそうだ。

えっ……。
あ……。
そう……。
最後の電話での、彼の口調を思い出す。
落ち込んでいるような。
またそういうことになったか、とでも言いたげなような。
片方の靴下が凱旋した理由は結局分からず……私は彼の妻のことを思う。

机と海

「凄いズルいお化けに、騙されそうになったんだ」

そんな一言から始まる体験談。


十五年ほど前。大学生の煙鳥君は、軽音サークルとの掛け持ちで映画サークルにも所属していた。自分達で映画製作を行い、それを発表するといった活動である。

勿論、学生の自主映画上映会に、一般客が押し寄せることなどあり得ない。サークル員が友人達に頼んで回り、観客として来てもらうのが普通のやり方だ。

エミさんも、そうした勧誘で呼ばれた一人だった。

元々は、サークル内の友人の、地元の友達……という立場だったが、上映会の打ち上げの席で喋るうち、煙鳥君とも仲良くなっていく。と言っても、二人で怪談の類について語り合うということは、特になかったらしいのだが。

あれは大学三年生の、秋の気配が深まる頃だったろうか。

煙鳥君が映画サークルの打ち上げに行くと、久しぶりにエミさんの顔があった。

彼女は専門学校生だったので、もう一年目の社会人として働いている。入社のドタバタもようやく落ち着いて、飲み会に来られるようになったのだろう。こうして話すのは数カ月ぶりだ。

「煙鳥さんって、怖い話を集めてるんだよね」

そんなエミさんが、少し前に自身が体験したという出来事を語りだしたのである。

「私、凄いズルいお化けに、騙されそうになったんだ」


半年前の、春先のこと。

就職を機に、エミさんは新しい部屋へと引っ越していた。そこで、以前から練っていた計画を実行に移したのだという。

どうせなら、家具も全て新調し、自分好みの部屋にしてしまおう。映画の『アメリ』みたいな、フレンチレトロのお部屋に。

でもお金に余裕がある訳ではないので、新品をお店から輸送してもらうのは無理。一日空いている日にレンタカーを借りて、リサイクルショップや中古の家具屋さんを巡って集めるしかない。

まあ、それはそれでいい。フレンチレトロなんだから、むしろリユースの使い込んだ感じがいいのだ。くすんだ色合いで統一したら、さぞかし素敵になるだろうな。

そんなとき、ふらりと立ち寄ったリサイクルショップで、あの机を発見してしまった。

センター引き出しが一つだけの、シンプルなデザイン。多分多くの人は、発色のよくない、古ぼけた貧乏ったらしい印象を持つだろう。

でも自分としては、この色味に一目惚れしてしまったのだ。白の入ったくすんだ緑色、というのが凄くいい。可愛い。欲しい。今すぐ持って帰りたい。

衝動的に買って、すぐさま部屋に運び込んでみた。やはり、しっくりくる。どうしてこんなに気に入ったのか分からない、分からないけど、この緑の机こそ、私の部屋のシンボルだ。

そう思っていたのに。

数日経ったある日の、真夜中遅く。

何だか不安な気持ちで、不意に目が覚めた。別にそのまま起きる気もなかったから、ベッドの中でぼんやり、薄暗い部屋を見渡してみる。

――あれ？

壁際に置いた、緑の机。その引き出しが、がらあ、と開いている。

それだけじゃない。

引き出しの中から、人の腕が一本、飛び出ているのだ。細くて白い腕だけど、男なのか女なのか、いまいち分からない。

下から上に挙手するように、ぴん、と伸びた腕が硬直している。

ただ、その手のひらだけは、ゆっくりと動いている。

グー、パー、グー、パー……。

何かを掻きむしるように、何かを掴もうとしているように。

グー、パー、グー、パー……。

うわあっ！　と怖くなって目をつむって……。

その後のことは、いまいち覚えていない。

目が覚めたら朝だった。

まあ、夢でも見たんだろう。別にそのときは、凄く気にしていた訳でもなかったんだけど。

それからすぐ、立て続けに嫌なことが起きてしまった。

まず、それほどの年齢でもない親戚が急死した。

次に、自分も階段から落ちて足首を骨折した。

ここまでなら偶然かとも思ったけど、実家の家族が続々と、事故で怪我したり、病気で入院したり、とにかく身体を壊してしまう。

あの緑の机を買って、変な悪夢を見て、周りに不幸が積み重なって……それらが全部、本当に短期間のことだったから、さすがにおかしいぞと感じてきた。

……祟りとか？　呪いとか？

気にし過ぎなのかもしれないけど、ちょうどお母さんに電話するタイミングがあったので、それとなく水を向けてみた。

「何か最近、うちらの周りで嫌なこと続くじゃん？　霊能者とか、そうじゃなくても占いとかで相談に乗れる人、いないのかな？」

「あ～、お婆ちゃんの知り合いで、そういう人いるわねえ」

早速電話番号を教えてもらい、アポを取る。約束した日時に、その人の家を訪ねていくと、五十代くらいのおばさんが出迎えてくれた。

奥の座敷に通されて、「どうぞ座って」と言われたから座ったら、いきなり。

「あなた、机、買ったでしょ」

ええっ！　何で分かるんですか！

そう思ったけど、あんまりビックリして声に出せなかった。

「その机がよくないのよ」

「はあ……」

「もう、すぐにでもどうにかしないと」

「え、じゃあ……捨てるとか」

「ううん、ただ捨てるだけじゃダメ」

じゃあどうすればいいのか訊いてみると。

「その机を軽トラックかなんか借りて、千葉の九十九里浜まで持っていって、そこで午前三時に燃やしなさい」

おばさんは、めちゃくちゃ具体的な指示を出してきた。

てっきり、強力なお札を買うか、凄いお寺か神社にお参りするのかと思っていたのに。

予想外の言葉に驚いて、思わず「え、どういうことですか!?」と聞き返してしまったんだけど。

「その机を軽トラックかなんか借りて、千葉の九十九里浜まで持っていって、そこで午前三時に燃やしなさい」

同じことを二度言われただけだった。

「すぐにやらないと命に関わるよ。早くしないとダメだ。すぐ、今すぐ」

「すぐ、はい。じゃあ今週中には」

「違う。すぐと言ったら今日。今夜の三時じゃないと間に合わない」

問答無用の勢いに押されて、もうこちらは「はい」と頷くだけ。

「あ、え、お礼のお金とか」

「そんなのいいから、早くやりなさい。今すぐレンタカーのお店行って、軽トラ借りて」

そこからは大慌て。レンタルした軽トラックに机を積んで、それを燃やすためのジッポーライターのオイルを何本も買って、深夜になってから家を出発した。

九十九里浜といっても広いから、とにかくケータイで検索して、パッと出たところを目指すしかない。

でも適当に選んだにしては、そこは「机を燃やす」のにぴったりピンポイントの浜辺だった。

海水浴場としては使えないのか、ただ無造作な砂浜が続いているだけ。辺りには人っ子一人見当たらないし、散歩や夜遊びにくる人もいなさそうだ。近くには民家もないし、道路からもちょうど見えない立地なので、火を熾《おこ》しても通報される心配はないだろう。

波打ち際まで机を運んで、ジッポーオイルをばしゃばしゃと掛ける。時計の針が深夜三時を指す手前辺りで、火を点けた。

パチ、パチ、パチパチパチパチパチ……。

もっと苦労するかと思ったけど、意外と簡単に火が点き、机全体に燃え広がっていった。

年代物の机だから、とっくに乾ききっていたのだろうか。

よし、後はこれが燃えつきるのを待てば……。

その場に座り込んで、燃えていく机を見守る。オレンジ色の炎の後ろには、青黒い海が広がるばかり。

パチパチパチパチ……。

虫の声もなく、波も穏やかな夜だったので、木が爆ぜる音だけが浜辺に響いている。

「あの」

不意に、背後から声を掛けられた。

びくり、と身体が固まる。まさか人がいるなんて思っていなかったので、まずそこに驚いてしまった。

「あの～、すいません」

若い男の声だ。物腰は柔らかいけど、近所の人の苦情だったらどうしよう……。

「後ろに、財布、落ちてますよ」

え、財布？

咄嗟に足元のバッグを確認すると、そこにはきちんと自分の財布が入っていた。

何だ、あるじゃん。

「あ、自分じゃないですね。ありがとうございます」

バッグに目をやったまま、そう答えたのだが。

「あの～財布、落ちてますよ。後ろに」

相手は無視するように、同じようなセリフを繰り返すだけ。

「いや、だから……」

と振り返ろうとしたところで、ハッとした。

数時間前、おばさんから言われていたことを思い出したからだ。

「机を燃やしているときにね、多分誰かが、背中から話しかけてくるかも」

凄くおかしなアドバイスだったけど。

「でも何を言われても、後ろを振り向いたらダメよ。絶対に、ダメ」

これだ。これのことだ。

だってそうだよ。後ろにいるこいつ、どうやってこんなにすぐ傍まで近づいてきたの？

これだけ静かな浜辺を、ずっと遠くから歩いてきたのに、服の衣ずれとか、砂を踏みしめる音が聞こえないはずがない。

「ねえ、財布、落ちてますよ。ほら後ろです。ほら、ここ」

背中の男は、明るく無邪気そうな、でもこちらを急かすような調子で、ひっきりなしに声を掛けてくる。

絶対におかしい。そんなに財布を渡したければ、何で自分で拾わないの？　それで肩を叩くか、前に回り込んで、私に見せればいいじゃない。

「ほらほら後ろです。財布。ねえねえ、後ろ、落ちてますって、ねえねえ、ほらほら」

できないんだ。声を掛けることしか。だからほら、どんどんその声が必死になってきて。

「ねえ財布ですよ、後ろ、後ろだってば、ほらほらほら、後ろ、ねえ、ここ、見て、落ちてるでしょ、見てよ、後ろ、ここ、ほら、ここ、ここ」

無視しないと、無視しないと。

「ねえ、後ろ、見て、ここ……」

知らない答えない、振り向かないし目もつむってるから、あっち行って。

「…………」

ほら、もう、諦めた。

かと思ったら。

「さいふーー!!」

耳が痺れるほどの絶叫が響いた。

同時に、バラバラバラバラ……と机が燃えつき、幾つもの木片が、砂の上へと崩れ落ちた。

男の声も気配もぱたりと止んで、代わりに波の音が、ゆっくり穏やかに響きだした。

燃えカスからの白い煙が途切れたところで、恐る恐る後ろを振り返ってみると。

月に照らされた浜辺に、くっきりへこんだ、自分の足跡だけが見える。

後はもう、まっさらの白い砂が、どこまでも、どこまでも、続いているだけ。

見上げた墓所

和彦さんの小学生時代の話。

夏休み。

近所の子供達がある寺に集まり、勉強会をした。

会は午前中から始まっていた。


昼食を摂り、午後の眠気を払おうと目を擦る頃、子供達は皆一様に飽きを見せ始めた。

和彦さんも例に漏れず、すっかり集中力を失う。

外をぼんやり眺めていると、隣の男の子が耳打ちをした。

「ねぇ、ちょっと抜けて外で遊ぼう」

「いいね。そうしよう」

二人は「トイレに行く」と上級生に告げ、寺を抜け出した。

日差しが、ずらりと並ぶ墓石をぎらぎらと光らせていた。

小高い位置にある寺を背に、敷地から出る。

緩やかな傾斜を成す坂を下ると、ベンチがあった。

座るとあの寺の墓所が視界の遠くにある。

二人で微笑みながら、たった今抜け出した場を見上げる。

脱走した背徳感が、子供心を逸らせた。

「暑いね」

「アイスでも食べたいね」

「……買いに行っちゃおうか？」

近くに馴染みの駄菓子屋があった。

二人は更に下まで足を伸ばし、アイスキャンデーを買った。

再びベンチに戻り、恵比寿顔でアイスを舐める。

そして二人はまた、寺を視界に入れた。


あれ？

あんな形だったっけ？

景色に違和感があった。

墓所の景観が妙だ。

目を凝らすと、墓石があらぬほうに傾げたり、四方八方に倒れたりしているように見える。

「あれ、どうなってるの……？　おかしいよね……」

坂を上がり、墓所に戻った。

「ああ！」

ベンチから見えた通り、墓所一帯の全てがぐちゃぐちゃになっていた。

まるで大きな災害に遭ったかのように、全ての墓石が壊れたり、散在したりしている。

台座しか残っていない墓もあった。

二人は急いで寺に駆け込んだ。

「ねぇ！　お墓！　お墓がめちゃくちゃだよ！」

焦りながら上級生にそう伝えるものの、反応は芳しくなかった。

「あんた達どこ行ってたの！　トイレにしては長すぎるよ！」

「そんなこと、どうだっていいでしょ！　それよりお墓！　お墓が大変なんだって！」

どごん、どごん、どごん、どごん。


二人が懸命に状況を訴えていると、寺の玄関戸から数回、鈍い音がした。

何かが戸にぶつかるような音だった。

「何の音？　誰か来た？」

「住職さんかもね」

上級生達が様子を見に向かった。

「あれ？　開かないね」

「何か引っかかってるみたいだよ」

引き戸の擦りガラス越しに何か黒いものが見えた。

どうもこの黒い物体が寄りかかっているせいで、戸が動かないようだった。

「うーん。思い切り引いたら開くんじゃない？」

「何だろうね。じゃあみんなで、やってみようか」

上級生の何人かが、「いっせーのーでっ！」と声を合わせて戸を開けた。

ごろん。

黒い物体が地面に横倒しになると、次に、
ごずん、
と鈍い音がした。

そこに転がっていたのは、一体の地蔵だった。

皆で墓所を確認すると、先ほどと打って変わって整然としていた。何の変化もない。

住職に一連を伝えたところ、大笑いされた。

「君達が勉強から逃げたもんだから、仏様が閉じ込めて勉強させてあげようとしたのかもしれないね。あっはっはっはっは」

後に住職が調べたところ、その地蔵は寺が所有するものではなかった。

和彦さんはその後地元随一の進学校に入学し、現在は県職員として働いている。

ラジオVS煙鳥

体験者は女性。

携帯に非通知の着信が、時々入っていた。

入浴中、運転中など電話に出られないときにその着信はあった。

頻繁、というほどでもなかったので無視していたが、ある日イヤホンをしながらスマホゲームを連打している最中、うっかりその非通知表示に応えてしまった。

イヤホンからは何者かの「はぁぁはぁぁ」という吐息と微かなラジオの音。

変わり映えのない吐息より、ニュースと思しきものが読まれるラジオの音が気になった。

「今日、午前七時半頃、羽田空港発、板%●▲空港行きの日本航空◆◇便が、～～等で武装した集団にハイジャックされました、今日、午前七時半頃、羽田空港発、板%●▲空港行きの日本航空◆◇便が、～～等で武装した集団にハイジャックされました、今日、午前七時半頃、羽田空港発、板%●▲空港行きの日本航空◆◇便が、～～等で武装した集団にハイジャックされました、今日、午前七時半頃、羽田空港発、板％●▲空港行きの日本航空◆◇便が、～～等で武装した集団にハイジャックされました、今日、午前七時半頃、羽田空港発、板％●▲空港行きの日本航空◆◇便が、～～等で武装した集団にハイジャックされました、今日、午前七時半頃、羽田空港発、板％●▲空港行きの日本航空◆◇便が、～～等で武装した集団にハイジャックされました」

はっきりと聞こえないが、ラジオのニュースキャスターは早口で何度もそう伝える。

そして急に電話は切れ、この一件以来、彼女に非通知の電話は掛かってこなくなったそうだ。

煙鳥君は、女性からの聞き取りから「四文字の名前の空港だった」とヒントを得て、このニュースを「昭和四十五年三月三十一日、午前七時三十三分、羽田空港発板付《いたづけ》空港行きの日本航空三五一便が、富士山上空を飛行中に、日本刀や拳銃、爆弾など武器と見られるもので武装した犯人グループによりハイジャックされました」と解読。しかし、この通りに読まれたニュース原稿が事実、過去にあったかどうかは不明。

みんな、どうかしている。
と、高田公太は思った。

その街の話

東京で、というより、日本で一番有名なソープランド街の話。

昔、その「街」のとあるソープ嬢が、その「街」のとあるビルから飛び降り自殺を図った。地面に叩き付けられた彼女は、その場で息を引き取った。

ただし彼女が落ちた先は、皆がいきかう道路ではない。ビルとビルの谷間の、狭い隙間だった。「街」で働く人々も、行きずりの客達も、野良猫すらも通らないような空間。

またそれは、ちょうど冬の寒い季節だった。彼女の死体は余り匂いが立たず、すぐ前を通り過ぎていく人々でさえ、その存在に気付くことはなかった。

ビルの谷間の暗闇で、誰からも顧みられず、その子の身体は干からびていった。

――という話を、煙鳥君が私に教えてくれた。

「超有名な事件だ、って言われましたよ。当時の『街』にいた人なら全員知っているらしいって」

これを煙鳥君が聞いたのは、同地でソープ嬢として働くリサさんから。

とはいえリサさんにしても、リアルタイムで事件に触れていた訳ではない。

彼女もまた、同僚であるミコトから教えてもらったエピソードなのだという。


リサさんとミコトの出会いは、十五年前になる。

リサさんは元々博多・中州のソープ店で働いていたのだが、諸々の事情で上京することになった。ただこれも諸事情により、中州の店も暫く継続して勤めなければならない。なので一定期間は、東京・福岡を行ったり来たりする状態になってしまったそうだ。

これでは東京できちんとした物件を契約するのは、もったいない。リサさんは「街」のすぐ傍のウィークリーマンションの一室を借り、暫くそこに住むことにした。

そんな生活が、一カ月ほど続いた頃だろうか。

ミコトという女の子が、店の新人嬢としてやってきた。少し変わった性格の娘だった。

「そのブレスレット、外してもらえませんか?」

初対面のリサさんに、ミコトはいきなり、そんな要求を突きつけてきたのである。

「ブレスレット……え、これのこと?」

面食らったリサさんは、思わず自分の手首を見つめてしまう。

そこには当時、風俗嬢の間で流行っていた、数珠タイプのブレスレットが着けられていた。自分の場合は、薄紫のラベンダー・アメジストだけで構成した腕輪である。

「はい、それです。私、それが近くにあるの、ちょっと無理です。濁り切ってますから」

「濁り切ってる」

いや、確かにリサさん自身も気付いてはいたのだ。このところ、アメジストの珠の色味が変化していることに。透き通った薄紫色のはずが、どんどん黒ずんでいっていることに。

とはいえ鉱物なのだから、何らかの化学変化で色が移ろうこともあるのだろう。そんなふうに考え、余り詮索しないでいたのだが。

「私、副業で占い師やってるんです。リサさんが今住んでいるところ、本当にやばいです」

「え、何、占い師って。それ、どう関係あるの？」

「住んでいる場所のやばさが、そのブレスレットに移ってます。感染してます。だから外してください」

「はあ、そう、まあ……」

まず占い師について説明してほしいのに、突然そんなスピリチュアルな話を捲し立てられても、言葉を濁して返答するしかない。

「とにかく、今いるところは引っ越したほうがいいです。以上です」

こちらに見切りを付けたように、ミコトは自分から話を終えてしまった。

リサさんはブレスレットを外さなかったし、ウィークリーマンションを引っ越すこともなかった。ミコトのアドバイスを、完全に無視したのだ。

ソープ嬢の仕事は個人作業だし、待機中の個室もあてがってもらっている。別に同僚と仲良くする必要はないのだ。ましてやミコトのような変わった女の子と。

ただ、そんなある日の仕事中のこと。

リサさんと客が部屋に入り、さて風呂場に向かおうとしたところで。

ドン！　いきなり背中に衝撃が走り、身体ごと床に転がってしまった。

何事かと振り向くと、青ざめた顔の客が、開いた両手を前に伸ばしている。どうやら、こいつが後ろから自分を突き飛ばしたようだ。

「外して！　それ外して！」

唖然としているリサさんの手首を指差しながら、客が叫んだ。例のアメジストの数珠に怯えているらしい。

すぐにブレスレットを外し、宥めながら事情を訊ねてみると。

「あんた……そんなの、よく着けてられるな。変なところに住んでるから、そうなるんだぞ」

ぞくり、と背中がざわめいた。

何故、この人は、ミコトと同じことを言ってくるのか？

このブレスレットを怖がるのは、まだいいとしよう。確かにどす黒い数珠なんて、気になる人は気になるかもしれない。

でも、家の話なんてしていないのに、いきなり引っ越せと警告してくるところまでそっくりではないか。一体、何故。何で、そんなことが分かるのか。

「分かるさ。俺は霊媒師だ」

アホか。

自称・占い師の次は自称・霊媒師か。ばかばかしい。

気味の悪い偶然だが、ただ、おかしな奴に二回連続で絡まれただけ。それだけのことだと考えよう……。

しかしリサさんの受難はこれで終わらず、ほぼ同じ状況が何度も何度も続いたのである。

客と二人きりになると、それまで普通だった相手がいきなり怒りだす。例のブレスレットを外せ、お前の住んでいるところがおかしいのだ、と喚き立てる。

全く無関係の人々なのに、不思議と同じセリフを突きつけてくる。更に、その理由を訊けば、男達は口々に、こう説明してくるのである。

「霊能力者だから『視える』んだよ」

「それは私がスピリチュアル・カウンセラーだからです」

いや、そういうノリが流行っている時期ではあった。『オーラの泉』が放送開始したのも、ちょうどこの頃だ。嬢の気を引こうとしたキモい客同士で、アイデアがかぶってしまったのだろう。

ただ、その中の一人、「陰陽師」を名乗る客だけは少し変わっていた。

「お前なあ、そんなブレスレット着けてれば分かるだろぉ……今いる部屋に住んでたらマズいって。そんなところに住んでるとなぁ……」

ここまでは皆と似通った警告だが、最後に一言、意味不明な文言を付け足してきたのである。

「親戚のヒトシさんが来るぞ」

そんな名前に心当たりはなかったので、リサさんも「陰陽師」の言葉を気にしないようにした。体調も気分も、特に異変などなかったのだし。

東京で新しい彼氏ができたせいもある。気持ち悪い客達のクレームなど、どうでもよくなっていたのだ。

職業柄、その彼氏とは「街」の近くでは逢わないようにしていた。つまり自分のウィークリーマンションに招くこともなかった。いつも離れた町でデートし、相手の家かホテルにしけこむようにしていたのだが。

「今日くらいは、そろそろリサの家に行きたいな」

そんなあるとき、彼氏の要望もあって、デート後に自宅へ行く流れとなってしまった。

まあ確かに、そろそろいいだろう。ちゃんと交際を続けているのだから、私の自宅だけNGというのもおかしいし……。

リサさんの部屋に入った二人は、早速ベッドの上で事に及び始める。異変は、正にその最中に起きた。

「うぐぅ……」

上に乗っていた彼氏が、いきなりゲップのような声をしぼりだしたかと思うと、ごろりと横に転がった。

何かと思って起きあがれば、白目を剥いたまま、仰向けに失神しているではないか。

「ちょっと！　どうしたの！　大丈夫⁉」

脳溢血か何かと心配したが、幸い彼はすぐに目を覚ました。身体に異常は見られず、ただ不意に意識が遠のいてしまっただけ。こんなふうになってしまう持病など、心当たりも一切ないという。

「ただ、気絶してるとき、変な声が聞こえたんだ」

頭の中で、ずっと女が叫んでいた。真っ暗闇の中、ただ女の声だけが、ひたすら響いていたらしい。

「死ね！　死ね！　死ね！　死ね！　死ね！」

……と。

ここまで来たら仕方ない。

まあ、あいつらの言っていることが正しかったのだろう。

さすがのリサさんも折れて、ウィークリーマンションを解約することにした。

そして「街」から離れたエリアに引っ越してから後は、特に何の異変も起きなかった。

問題は、解決したのである。

とはいえ、このままでは全く訳も分からず、振り回されっぱなしで終わってしまう。それも何だか癪《しゃく》なので、少しだけは調べてみよう。

そう考えたリサさんは、まず父親に電話をした。「親戚のヒトシ」に心当たりがないかどうか訊ねるためだ。

「ヒトシ……ってそれ、大叔父さんだぞ。お爺ちゃんの弟。お前よく知ってるな。俺ですら会ったことないのに」

　ヒトシさん、という見知らぬ親戚は実在した。何の事情か知らないが、若い頃からずっとミャンマーに移住しており、日本には一度として帰国していないのだという。

「もう親戚の誰とも連絡取ってないはずだぞ。生きてるか死んでるかも、分からん」

　何故よりによって、そんなヒトシさんの名前が出てきたのか。

　不思議に思っているうち、数日後、今度は父親のほうから電話が掛かってきた。

「おい！　この前話したヒトシさんだけどな！」

　興奮した父親が伝えるところによれば。

　リサさんとの電話のすぐ後、ミャンマー大使館から連絡が届いたそうだ。一つは、同国に在住するヒトシさんが亡くなったとの訃報を伝えるため。また一つは、死後の手続きをどうすればよいか確認するため、大使館が問い合わせてきたのである。

　そしてヒトシさんは、ミャンマーで葬儀をなされた後、日本に帰国する流れとなった。

　結局、あの陰陽師の言う通りになってしまった。

「親戚のヒトシさん」は、リサさんの実家に、骨となって帰ってきたからだ。

「……っていうお話を、リサさんが僕に教えてくれました」

と、煙鳥君が、ひとまず話を切り上げる。

面白いエピソードだ。

スタンダードな怪談かと思いきや、何だかやけに複雑なところが面白い。

とはいえ私も話を整理するため、早速こんなツッコミを入れなければならない。

「面白いね。面白いんだけど、でもそれ、要素が噛み合ってなくない？」

「そうなんですよ。ミャンマーで死んだヒトシおじさんと、ウィークリーマンションが呪われてるのと、彼氏が聞いた女の『死ね』という声……全ての要素がバラバラなんですよね」

「ヒトシさんがお骨になって返ってきたのは、どちらかといえば『いい話』だしね。まあそっちはそっちでドロドロした裏事情があるのかもしれないけど……」

「はい、で、もう一つ。リサさんは、ミコトにもう一度、相談しているんですよ。どうして彼氏に『女の声』が聞こえたか、について話し合ったそうですが」

ここでミコトが持ち出したのが、冒頭に記した「干からびたソープ嬢」の怪談だったのである。

続いて、ミコトはこんな見解を披露した。

「その女の子、飛び降りた先の、ビルの隙間で死んじゃった訳ですよね。だからその子の部屋自体は事故物件にはなってないんですよ。つまり不動産屋も、次に住む人に知らせなくてもいい訳ですよね」

そういえば事故物件サイト『大島てる』が開設されたのも、ちょうどこの時期だった。

「だからリサさんは知らなかったんだけど……その子が住んでたところが、ちょうど、あなたと同じ部屋だったんです」

だからリサさんは、その子に呪われていたんですよ……と。

なるほど。まあ、話としては繋がる。

しかし怪談となると、そんな都合のよい繋がりは納得できかねる。申し訳ないが、占い師を自称する女の子の空想に思えてしまう。

大体「干からびたソープ嬢」の話にしても、実際の出来事ではなく、都市伝説めいているではないか。果たして昭和後期から二〇〇〇年代に掛けて、あの「街」で、そんな事件が本当にあったのか。

そう考えた私は、後日、図書館にて新聞報道をあさってみることにした。

すると「東京で、飛び降り自殺した女性の遺体が、ビルの谷間に長い間放置されていた」事件そのものは発見できた。更に「男」「東京以外」「自殺ではない転落死」の項目まで含めれば、「ビルの谷間の放置死体」については数例が報道されていることも分かった。

【1996年5月7日朝日新聞夕刊より】

ビルの谷間に女性死体

東京・千代田区 すでにミイラ化

東京都千代田区鍛冶町一丁目の[redacted]ホテルと隣接するビルの間に女性の死体があるとホテルの男性従業員から六日午前九時十分ごろ、一一〇番通報があった。警視庁万世橋署が女性の身元を調べたところ、所持品などから埼玉県[redacted]、無職[redacted]さん(二三)とわかった。同署は事故と事件の両面から捜査している。

調べでは、[redacted]さんはホテルとビルの間の幅約五十センチの通路に、横向きの状態で倒れていた。白いコートに黒のブーツという冬服姿で、すでにミイラ化していた。解剖の結果、死因は全身を強く打ったためとみられる。

ビルとビルの間にはホテル側しか窓がないため、[redacted]さんはホテルの窓から落ちたのではないかと、同署はみている。

[redacted]さんは昨年十二月二十一日夜、JR神田駅近くの飲食店で行われた会社の忘年会に出席したのを最後に行方がわからなくなっていた。家族から十二月二十三日に地元の警察署に捜索願が出されていた。

[redacted]さんは今年一月中旬に同じ会社の男性と結婚する予定で忘年会の日に退職していた。

しかしいずれも、現場はあの「街」ではない。

その中で、最も先述の怪談に近いケースは一九九六年五月。ＪＲ神田駅近くのビルとビルの谷間、幅約五十センチの通路に、白い冬服のコートを着た女性の「既にミイラ化していた」遺体が発見された事例だ。

この二十四歳の女性は、前年十二月の会社の忘年会を最後に、半年近くも姿を消していたのだという。同僚男性との結婚が間近だった点も含め、自殺か他殺かも不明な、かなり謎めいた事件だ。

肝心の現場は「街」と一切無関係だが、半年という長い未発見期間、女性の年齢、冬の時期といった要素が、ミコトの語る「干からびたソープ嬢」に影響を及ぼした可能性はあるかもしれない。

ここで視点を変えてみよう。同じような転落死案件が、あの「街」で起こったのは恐らく事実ではない。ただし、そうした都市伝説があの「街」で囁かれていたのは確かなのだろうか。

私はまた、「街」に詳しい知り合いにコンタクトを取り、ある依頼をした。「干からびたソープ嬢」の噂が、昔から「街」にいる人々に周知のものなのかどうか、聞き込みをしてもらったのだ。

以下、知人からの回答をそのまま載せておく。


お疲れ様です。間が空いてしまってすみません。

先日のお話、社長やスタッフ、組合の会長さん、喫茶店のおばちゃん、公園でたむろしてる老人、飲み屋の大将の方々に訊いて回ってみましたが、結論から言うと自殺や孤独死、殺人事件の話はよくあるけど、何年も死体放置とかはないでしょう、とのことでした。面白い結果にならなくて申し訳ないです。


断定はできないものの、「干からびたソープ嬢」については、当該する事件も、ましてや噂すらも存在していなかった。調査と呼べるほどの調査でなくて恐縮だが、現時点では、そう考えざるをえない。

リサさんや煙鳥君がどう思うかは、ともかくとして……。

私は「干からびたソープ嬢」の怪談は、ミコトが作った「嘘」ではないか、と疑っている。

いや、「嘘」としてしまうのは言い過ぎかもしれない。

薄暗いビルの隙間で、目の前を通り過ぎる誰からも顧みられず、干からびていった女。

そんな光景を、ミコトは占い師として、確かに幻視していたのだろう。

彼女は、リサさんと彼氏が出くわした体験に、次のような説明を付けていた。

「この『街』って、昔から、たくさんの女の人が死んでますよね。だから、リサさんが、客でもない恋人の彼氏とイチャイチャしているのが、気にくわなかったんですよ。憎らしかったんですよ」

だからね、叫んだんです。

死ね死ね死ね死ね……って。


そう言っていたミコトも、それから間もなく、風呂場で手首を切って死んだ。

一杯

川上さんはその昔、相当な下戸だった。

大学入学後、初めて参加した飲み会では、グラスビールを一杯飲み切る前に具合が悪くなり、以来ソフトドリンク専門を通していた。

しかし、酔おうが酔うまいがただ楽しめばいいだけの学生コンパと違い、就職後の呑みの場は壮絶なものだった。

まだ「アルコール・ハラスメント」という言葉がなかった時代で、少しでも目上が注いだアルコールから逃げようものなら、「俺の酒が呑めないのか」と拳が飛んでくるのが日常茶飯事だった。

無理をして呑む。

トイレで吐く。

作り笑いをする。

どうやって家に帰ったかの記憶はなく、ゲロにまみれたトイレで目を覚ます。

運良く布団で目覚めても、尿で濡れたズボンと敷布に絶望する。

何事があったのか、身体に傷や痣が付いていることもあった。

最悪だ。

こんな毎日がいつまで続くんだ。

心と身体が酒で壊れていく。

これが社会というものなのか。

川上さんは勤め人としての自信を失いかけながら、毎夜の戦場に身を投じていた。


そんなある日の、焼き鳥屋にて。

次々と上司が傾けてくる瓶ビールを受けているうちに、気が付くと便器にしがみついて嘔吐を繰り返していた。ワイシャツに微かに付いた胃液。いつまで経っても慣れない、独特の饐《す》えた臭い。

早く席に戻らないと、また殴られる。

川上さんは必死で立ち上がろうとしたが、日々の無理が祟った足に力が入らない。

早く。早く戻らないと。

おお……おえええええ。

涙とゲロが止めどなく身体から溢れる。

早く。

上司が怒る。また殴られる。また、呑まされる。

おえええええ。

そうして便器の中の吐瀉物を見つめながら必死で呼吸を整えようとしていると、不意に背後から肩を叩かれた。

「お水を一杯」

女の声。

鍵を掛け忘れたか。

大体、トイレをこんな調子で長時間占有していては、誰となく心配するだろう。

慈愛を感じさせる清らかな声を背で受け止めると、程なくして後方から白く細い腕が伸びてきた。

手には透明な液体が入ったコップ。「水」というからには水なのだろう。

「……ありがとうございます」

振り返ることもできないほど憔悴《しょうすい》していた川上さんは、渡された水を一気に飲み干した。

「もう苦しいことは、ないですから」

また、女の声が凛と響いた。

「ええ……助かりました。本当にありがとうございます」

礼を言い、振り返る。

が、女の姿はなかった。

よく考えると、ここは男子トイレだ。

もう一人入れそうもないほど狭い個室の鍵もしっかり掛かっている。

だが空いたグラスを確かに握っている。

理解できないが、そもそも酔っ払いの頭は信用ならない。

何にせよ、水のおかげかすっかり体調が良くなり、川上さんは意気揚々と席に戻った。

それから、である。

「おいおい……お前、そんなに呑んで大丈夫か」

「ちょっと待て。ちょっと待てってて、そんなもん一気に呑んだら……」

「悪ぃ、川上。もう今晩は勘弁してくれ。もう一軒たってお前、明日も仕事あんだぞ……」

体質が激変した。

トイレから凱旋した川上さんは、上司を含めた同席者皆をノックアウトさせた。

「ええ？　もう解散ですかぁ？」

所謂、〈ザル〉になったのである。

「おいおいおい。部長！　後輩の酒が呑めないんですか？　もしかして、酒弱いんですか？　それじゃあ、誰もついてきませんよ！　ほら、グッと！　グッと！」

不思議な水一杯で為された体質の変化は恒久的なものだった。

連夜の大暴れの甲斐あって社内での確固たるポジションを獲得した川上さんは、皆から恐れられながら幾年を過ごし、やがて役職を得た。

勿論、人の上に立つ身分になった川上さんは、部下に酒を無理強いするような真似をしない。あんな苦しみを可愛い後輩に味合わせてなるものか。

現在、川上さんの一番の楽しみは、奥さんとのささやかな晩酌だそうだ。

あの日のあの子

最近、地下鉄の窓に映った人を見て思い出した出来事があったので、投稿します。

私が幼稚園に通っていた頃、夏休みを使って北海道旅行に行ったときのことです。私の父はとてもお酒が好きで、旅行中「酒蔵が見たい」と、ある酒造店に行きました。私は酒蔵の中に入らず、母と一緒に酒屋の中で父と弟が見学から戻るのを待っていました。でも、子供が遊んで待つには、見たことのない日本酒や焼酎の瓶は、あまりに退屈でした。幾ら辺りを見ても、酒瓶とレジ。いよいよ痺れを切らしそうになったとき、レジの奥の暖簾《のれん》から同い年くらいの可愛い女の子がこちらを覗いていることに気が付きました。白いワンピースを着たその子は、私と友達になりたそうな、暇だから一緒に遊ぼうよとでも言いたそうな表情でした。私はその子に手を振ってみました。もしかしたら、友達になれるのかもしれないと思ったのです。するとその子は大いに照れたのか、暖簾の奥にすっと隠れ、暫くするとまた顔を出しました。手を振る、隠れる、また顔を出すこと数度を繰り返したとき、父達が見学から帰ってきました。結局はその女の子と遊ぶことが叶わぬまま、家族は次の観光地へ向かいました。翌朝、ホテルの朝食時間を待つ間、私は父からサービスの朝刊を持ってくるよう頼まれ、一人ロビーに向かいました。エレベーターを降り、フロントの女性から山積みになった新聞を一部貰う。さて、部屋に戻ろうとまたエレベーターに乗り込んだはいいものの、はたと自分が何階の何号室から出てきたのか、全く覚えていないことに気が付きました。困っていると、他の利用客が次々と乗り込み、銘々目当ての階のボタンを押しました。開いては閉まり、減っていく大人達を見ている間に、目が潤んできました。どうしよう、どうしよう。僅かの間とはいえ、子供なりに途方に暮れていると、ある階で突然腕を掴まれ、エレベーターから引っ張り出されました。見ると、あの女の子。酒屋にいたあの女の子が私の腕を引っ張っていました。記憶の中では、私を引っ張るその子の後ろ姿しか見ていないのですが、同時に、これは間違いなく酒屋の子だと確信した記憶もあるのです。彼女は一つの部屋のドアを開け、私と中に入りました。母の「お帰り」という声が聞こえると同時に、掴まれていた腕が解放されました。ああ、私を部屋に連れてきてくれたんだ、と思い、感謝の言葉を掛けようとしましたが、そのとき既に彼女の姿はありませんでした。家族が言うには、私は一人で戻ってきたとのことでした。

そして先日、電車の二つ隣の席にまるで彼女が成長したかのような風貌の女性を見かけました。向かいの窓に映ったその女性は、きっとその子だったんじゃないかと思うんです。でも、なぜだか声を掛けられないまま、私は電車を降りました。

二人の思い出

警察官の知人、俊雄さんから聞いた話だ。

「俺の奥さん、聡子は三年前に病気で亡くなったんだよ」

妻を亡くした当時、俊雄さんは駐在所勤務だった。

子供達は自立し、夫婦水入らずで「一緒にのんびり暮らしながら働こう」と駐在所勤務を希望したのだ。

山奥の集落にある駐在所に住み込んでの二人三脚は、とても穏やかで幸せな時間だった。

「事件なんか何もなくて、たまにあっても交通事故くらい。良い所だったよ。静かすぎて、虫の音や蛙の声が怖かったたな」

しかし前談の通り、二人の幸せは、長く続かなかった。

医者は聡子さんのカルテを手に、「難病に指定されています」と険しい表情で告げた。

容体はどんどん悪くなっていった。現時点では入院したところで打つ手もないと、暫くは二人で駐在所にいたが、結局は「私がここで死んだら、次に派遣された人が可哀想でしょ」と、聡子さんは実家に戻った。

そして、俊雄さんができる限り聡子さんの実家へ通う日々が続いた後には、入院。

そして頻繁にしていたメールや電話のやりとりも、聡子さんが声を出せなくなると、メールのみなった。

「メールだけになっちゃってから、あんまり長くはなかったんだよなあ……あいつ、メールを打つのも大変だったと思う。あんまりメールの往復が長く続くと、最後には『おやすみなさい』ってだけ返ってきてね」


聡子さんの四十九日を迎えた頃。

聡子さんと共通の知人に当たる女性が俊雄さんに連絡をしてきた。

「ああ。俊雄さん。これは俊雄さんに教えないとって思って。順番に言うわね。まずは聡子が夢に出てきたのよ。聡子が男の子と手を繋いで、天まで続く長い長い階段をずっと上っていく夢なの。でも、途中で聡子が男の子に何か言った後、振り向いて立ち止まるの。それで、男の子だけが階段を進んでいって……ってところで目覚めたんだけどね」

その女性は「これは、聡子が何か伝えたいことがあるのかも」と感じた。

そして朝、聡子さんから「あなたと友達でよかった」というメールが入っているのを確認した。着信の日付と時間を見ると、間違いなく昨晩。メールは生前の聡子さんとの会話があるスレッドの最後に入っていたそうだ。

俊雄さんはこう続ける。

「その話を聞いてからさ、聡子を身近に感じるようになってさ。お風呂なんかにいるときに聡子が近くにいるような気がたまにして。そういうときに『おい、聡子、いるのか』って声を掛けるとドアが、とんっ、て鳴ったりしてね。こういうのがどうにも嬉しかったのよ」

そして冬。

聡子さんの実家に泊まっていた俊雄さんもまた、夢を見る。

暖かい日の昼、パトカーでのパトロール。

行く先々で会う住民達が投げかける笑顔と会釈に黙礼を返す。

「ただいまぁ」

駐在所に戻ると、妻は庭で洗濯物を干していた。

「お帰り！　御飯できてるよ」

俊雄さんはそこで目が覚め、妻を失ってからもう何十度目かになる涙を流した。

この夢のような毎日が、定年までずっと続くはずだった。

幸せが約束されたと思っていた。

あんなささやかな温もりの風景すら、今の自分にとっては夢の中なのだ。

俊雄さんは、一頻り涙を零した後、冷たい夜風で気を落ち着けようと、ベランダに出た。

ベランダに積もった雪に足跡があった。

はっきりと両の五指が刻まれた、素足の跡だ。

ベランダの外から足跡が続いているのに気が付き、外を見た。

庭にも一直線の足跡。

その向こうに停まる車の、ボンネットの積雪にも足跡。

更に向こうの民家の屋根にも。

高低差を無視して、この部屋まで歩いてきた何かがいる。

ああ、そうか。

聡子が来てくれたんだ。

嬉しいな。
でも、ごめんな。
こんな寒い中、俺のとこまでわざわざ来てくれて。
ほんと、ごめんな。
俺が頼りないから、まだあっちに行けないんだろ。
分かったよ。しっかりするよ。
もう大丈夫だよ。
今までありがとう。
本当に、本当にありがとう。
聡子との日々、全部ありがとうな。

一周忌。
俊雄さんにも、聡子さんから一通のメールが入った。
メールにはただ一言。

『おやすみなさい』

うん。
おやすみ。

主人のために

その家は、北陸の某都市にある。大正末期に建てられた日本家屋だ。

勿論リノベーションされてはいるが、一階が居間と仏間と便所、二階がお座敷という構造は当時のままだろう。普段は一階がアンティークショップ、二階がアートギャラリーとして貸し出されている。

ただ後述するように、かなり変わった建築なので、

「一体この家、何に使われてたんですか？」

展示会に来る客達から、よくそんな質問を投げかけられる。

シゲミさんにしてみたら、答えに窮《きゅう》するしかない。

このギャラリーは、毎年夏に催す自分達のグループ展のために借りているだけで、建物の由来などは何も知らない。

とはいえ、シゲミさん自身もこの家をいたく気に入っていた。

まず一番目を引くのは、二階の造りだ。

座敷をぐるりと取り囲んで、回廊式の廊下が一周しているのである。

廊下と部屋とを仕切るのはガラス張りの引き戸。それもまた四方に設置されており、座敷の内部でも、茶室や二畳半の間が仕切られている。

工芸家であるシゲミさんにとっては、建築の個性よりも、調度品のセンスの良さについて唸らされるばかりだったという。

使っている木材は高級な銘木。かと思えば、流し台は洋風のモザイクタイル。模様ガラスは各箇所で全て異なった柄が選ばれ、窓の鉄枠をよく見れば蝶々の透かし模様が施されている。

壁に造り付けの棚の奥――つまり物を置いていないときだけ見える部分にも、段ごとに様々な布が貼り付けられている。

殆どの人が気付かない部分にまでも細やかな気配りが施されているのが、何とも粋ではないか。

そんな二階の座敷にいると、たまに不思議なことが起こった。

足音が階段を上り、こちらにたどり着く気配がする。一階から客がやってきたのだろうと振り向けば、誰の姿もない。そうした現象が度々起こった。

ただ、シゲミさんは特に恐怖は感じなかったそうだ。

ここは、そういうことが起こる空間なのだろう。自分でも意外な程、自然なものとして受け入れてしまった。

何しろ、怖いというより不気味というより、この二階は居心地が良すぎるのだ。

二階に上がった途端、客達が何度もあくびをかみ殺すようになる。自分達の展示が退屈なのではなく、二階にいるとどんどん眠くなってしまうのだという。

中には「ちょっとごめん」と茶室のソファに寝転がり、実際に眠ってしまう強者までいた。

まあ、それも仕方がない。何しろ自分達だって眠気に抗えないときがあるのだから。

ある日の夕方。シゲミさんが一人でいたとき、たまたま客が途切れるタイミングがあった。

「ダメだ……もう立てない」

もはや限界とばかりにソファへ座り込み、ひじ掛けを枕にして仮眠を取ろうとした。

数秒後か数分後か、それは定かでないのだが。

——とんとんとん。

階段の音で目が覚めた。

……ああお客さんだ……まずいなあ……。

ぼんやりと意識が戻っているのだが、どうしても目を開けられない。

——とんとんとん。

足音は、自分のソファのすぐ近くまで来てしまった。それどころか、顔を覗き込まれている気配がする。頬っぺたに、すうすうと息が吹きかかる。

……めっちゃ見られているなあ……まあ展示会で作家が眠ってれば、そりゃあ見られても仕方ないか……。

いや、違う。

突然、シゲミさんはあることに気付いた。

頬に掛かる息は、横になった自分の身体の側から吹いてくる。こうして覗き込むには、ソファの上に乗っかるか、九十度以上に腰を折らなくてはいけないはずだ。

一体この人、どんな体勢をしているの？

そう思い、おずおずと目を見開いた。

しかしソファの近くどころか、二階全体に人影一つない。

ただ人の気配だけが、この場に濃厚に残されていた。

女だ。

女性に違いない。

以前から聞こえる足音も、恐らく今の女の人だったのだろう。

何故か、そう確信したそうである。

そんな思い出のあるギャラリーが、遂に幕を閉じることとなった。

建物自体は残されるのだが、オーナーが別の地域に移転してしまうのだという。

シゲミさんが閉店の挨拶に伺うと、その日は他に数名の作家が訪れていた。皆銘々に記念写真を撮り合って、ギャラリーとの別れを交わしている。

「最後なので、二階の人たちとも写真を撮ってきていいですか？」

そんな中、シゲミさんがオーナーに声を掛けると、

「いいけど。上は誰もいないよ」

そう返されて、驚いた。

さっきからずっと、というより今も正に、二階から物音が響き続けているからだ。

とんとんという足音、何やら物が落ちる音、布をひきずるような音が、一階の天井を通して聞こえてくるではないか。

「いや、誰かいるでしょう。だってほら、音、してますよ」

「あれ、知らなかったっけ？」

オーナーはさも当然といった口ぶりで、シゲミさんに告げた。

「二階には、女中さんのお化けがいるんだ。片付けをしてくれてるんじゃないかなあ」

すぐに二階へ上がってみたが、誰の姿もなかった。

がらんどうのスペースに、自分が以前に寝たソファだけがひっそりと置かれてあった。

「ここは元々、大店の旦那の妾宅だったんだ。お妾さんと女中さんとで、二人暮らしをしていたらしいよ」

オーナーは、やけに詳しい事情を知っていた。

妾宅といってもこそこそ隠れていた訳ではなく、一カ月に一度か二度、旦那が客を招いて接待する場所でもあったらしい。

だから意匠を凝らした調度品を揃え、茶室まで作ったのだ。二畳半の間は女中部屋だったのだという。

「その女中さんのほうは、とにかく働き者だったらしくて」

ギャラリー経営中も、二階が使用された後は、誰かが動き回るような空気が漂っていたのだという。ポルターガイストさながら物が動くのではなく、あくまで何かの作業をしている物音や気配がするだけ、らしいのだが。

「今でも、甲斐甲斐しく掃除を続けているんだねえ」

シゲミさんは、数年前に自分を覗き込んだ女性の気配を思い出した。

あれが女中さんだとしたら、いつも感じる眠気は、一体なんだったのだろう。

もしかしたら、私達を旦那と勘違いしているのだろうか。

旦那が二階で眠りこけてしまえば、本宅に帰ることはない。主人であるお妾さんのため、少しでも旦那を引き留めようとする、女中さんの願いなのだろうか。

妾も旦那も自分自身も、全員が亡くなった後もなお、彼女だけが、自分の主人のために働き続けている。

そういうことなのだろうか。

件の建物は、今でも現存している。

恐らくその女中も、まだ二階にいるだろう。

白色の蓋

私、煙鳥が高校時代に所属していた部活動のコーチ・花園さんから聞いた話。

花園さんは中学生の頃、ある遊びに凝っていた。

彼はその一連を「秘密基地作り」と形容する。

中学生の行動範囲内で廃屋を探して、そこにゴミ捨て場で見つけた家具、雑貨などを運び込み、自分のお気に入りの場所にするだろ。

そして、そこに何日も泊まるんだ。その場所に飽きると、違う廃屋を探し出し、また同じように自分好みに仕立て上げる。

そうしたらまた、泊まるんだ。

……頻繁に泊まる。

……飽きたら秘密基地を次々と変える。

この二点がどうにも中学生が行う、所謂「秘密基地作り」の範疇《はんちゅう》を超えているように感じられるだろうが、私が知るコーチ時代にも、クーラーボックスにウイスキーのボトルを忍ばせるなど数々の逸話を残した彼のことなので、私からすると筋が通った話に聞こえる。

もっとも、幾ら花園さんがエキセントリックな人格だとはいえ、家出をして廃屋暮らしをしていた訳ではない。

夕飯を食べ、家族が寝静まってから基地へ行き、一泊。

早朝にこっそり戻り、朝ご飯を頂く。

そんな生活を連日送っていたのだ。


ある日、花園さんはかつて女性が独りで住んでいた廃屋を近所で見つけた。

そして程なくしてその家にある畳敷きの一室を基地に仕立て上げ、そこに泊まった。

泊まった。

泊まった。

泊まった……。

すると、ある日を境にその夢を何度も見るようになった。


夢。

現実と同じく、その基地にいる。

自分好みに作った基地。

自分好みの雰囲気。

しかし、一つだけ自分の意図に合わない点がある。

畳の上で、舟盛りに使う食器——和船を模《かたど》った木工細工が宙を漂っていた。

舟には切断された人の手首が、ぎっしりと積まれている。

手首を乗せた舟がまるで海上にいるように揺れながら移動する。

ある程度前進したかと思うと、くるりと向きを変え、また動く。

ただその舟を見つめるばかりの夢なのだが、自分のいる場所——画角や視点が夢を見るたびに違っている。

窓際から舟を眺めていることもあれば、目の前に舟があることもあった。

何度かそのような夢を見た花園さんは、ある晩移動の法則に気が付くこととなった。

この舟は決まった畳の上を動いている。

ある一畳の縁で踵《きびす》を返している。

なるほどなるほど。あの畳だな。

花園さんは目覚めてから件の畳に目を向けてみたものの、一見して何か秘密があるようには感じられなかった。

あの夢には何かがある。

支離滅裂なようだが、どこか訴えるものを感じる。

この畳を徹底的に調べてみるか。

屈み込んでよくよく見る。

すると、その畳が他のものよりほんの少しだけ浮いていると分かった。

畳と畳の隙間に爪と指先を差し込み、僅かな浮きをとっかかりにして畳をひっくり返した。

まず、白色が目に飛び込んできた。

畳の下には一畳分のベニヤ板があり、その板はペンキで真っ白に塗られていたのだ。

手塗りなのか、あちこちに塗りむらがある。

そのベニヤ板の様子を見るなり、まだ下に何かあると花園さんは直感した。

畳の浮きを生むのがこの板なら、捲るとそこには床がある。

そこに舟の秘密があるに違いない。

このベニヤ板は、きっと秘密を覆う蓋のようなものなのだ。

花園さんはひと思いに白板をひっくり返した。

露呈した床の上には、一枚の絵葉書とペチャンコになった一組の軍手があった。

絵葉書には白い砂浜、青い海、椰子の木などいかにも南国を思わせる写真がプリントされている。消印もなく何も筆記されていないということは、未使用なのだろう。
そして、何の変哲もない軍手……いや。この軍手は指の部分が六つある。
指が。
六本ある。

南国をプリントした絵葉書、六本指用の軍手。
それらを隠す白いベニヤ板と畳。
亡くなった独居老人。
何度も見る手首を積んだ舟の夢。
繋がるような、繋がらないような。
何にせよ、ここまで知った以上、もうあの夢は見たくない。
この基地、ダメだな。
花園さんは、その基地を撤退することにした。

白蛇・鐘の音

ある農村に三村の家はあった。

「三村さん、今日の人足は用水路の草刈りをお願いするわ」

「はあい。分かったよ」

その地域では地区ごとの共有設備、用水路や集会場などの管理を集落に住む人皆で行う、〈人足〉という風習が残されていた。勿論、銘々が好きな場所を好きに管理する訳にはいかないので、事前に誰が何をするかを相談して行う。その日は用水路の周りのゴミ拾いをする人もいれば、溜まったヘドロを掻く人もいた。

三村は御近所さん達と相談して決めた場所に着き、小さなエンジンと丸鋸が付いた草刈り機を繰った。

天気の良い、草刈り日和だ。

気持ちよく草刈り機を左右へ振っていると、
ずぶっ、と生々しい感触が伝わった。

丸鋸の周りから赤い液体が飛び散る。

動物でもやっちまったか。

エンジンを止め、血に濡れた鋸の下を見る。

そこには首を切断された白蛇の亡骸があった。

真っ白な胴体は既に幾筋もの鮮血を纏っている。

やってしまった……。

よりによって、白蛇かよ……。

よりによって……。

三村は験《ゲン》を担ぐ男だった。「白蛇は祟る」とは、これまでの人生で何度も聞いた言葉だ。とはいえ、この事態を誰にどう相談していいか分からない。

三村はまず、恥を忍んで父に電話した。

「もしもし……親父？　俺だけど……あのさ、ちょっと、やらかしちまってさ……」

「ああ？　白蛇を切って殺した？　ああ……それな……じゃあ、婆ちゃんに言えよ。婆ちゃんなら多分……」

「婆ちゃんなら、何とかしてくれる？」

「いや……分からねえけど……婆ちゃんは物知りだからな……」

三村は電話を切り、慌てて家に帰った。幸い祖母は外出しておらず、興奮気味の孫の話を、目を細めながら聞いた。

「何だ、やっちまったな。どれ、ちょっと待ってろな」

祖母はそれだけ言うと、どこかに電話を掛けた。

「ああっ！　もしもし、ちょっと家の坊主が白蛇を殺っちまったんだとよお。うん、見てもらいっちーんだと。ああ。うん。草刈り機だとよ。ううん」

祖母が誰か事情通に電話をしていることは分かるが、ここまで超然と話されると、白蛇以前に祖母の様子にも不安を感じてしまう。

「ああ？　何時？　ああ、分かったよ。はい、はーい」

祖母が電話を切り、三村は次の言葉を待つ。

「拝み屋さん、大丈夫だって」

「拝み屋？」

「拝み屋さんさ。場所わがっか？」

「い……いや、分かんねえ……拝み屋？」

「あれ！　あれよ！　あそこのパーマ屋！　わがっぺ！　婆ちゃん行ってるとこだがせ。あそこに行け！　わがったが？」

祖母の行きつけの小汚い古いパーマ屋。

ボロボロの三色灯が力なく回る、あの店。

老人の井戸端会議が華咲く、あそこのおばちゃんが。

拝み屋……！


「ああ！　よく来たな！　あんたんとこの婆ちゃんから聞いたっぺ！　白蛇、切っちまったんだって？」

約束の時間に店に赴くと、パーマ屋の店主、通称「オバちゃん」は気が抜けるほどの大声でそう言った。

「まぁ、座れ！」

ところどころ合皮が破けて中のスポンジがはみ出たソファに腰を掛けると、オバちゃんはキッと三村を睨んだ。その表情はそれまでのオバちゃんのイメージとは真逆の真剣味を感じさせた。

「うん、大丈夫……多分大丈夫だ。でも一応やっとくべ、な！」

声色から確かに「拝み屋」の風格が感じ取れる。

この人は「何か」を知っている。そう思わせる説得力があった。

オバちゃんは三村に笑顔で何度か頷いた後、店の奥へ消え、すぐに戻ってくると、ボールペンとスーパーのチラシを手にしていた。

「いいが？　これやんだぞ。覚えとけ」

そう言いながら、オバちゃんはボールペンを手にチラシを裏返し、白い面に何かを描き始めた。

オバちゃんの手で書かれた絵は、蛇。

三辺が蛇になった、三角形が一つ。

蛇に関する相談をしたから蛇の図が書かれたのだろうが、三村に意味は分からない。

「いいが、これを覚えろ。これと同じ通りに書くんだぞ。わがったが。描いたら、次にこれさ塩包んで、燃やす。そのカスは弁天様の前を流れる川に流せ。誰にも見られないようにだぞ。夜中にこっそりやれば、誰もわがらんべ」

三村は淀みなく指示を出すオバちゃんに気圧されて、ぽかんと口を開けるよりほかなかった。やるべきことは簡単に思える。しかし、とても簡単で、とても異常な行為だ。

「わがったが！　しっかりしろ！」

「わ！　分かりました！　あの、お代は……」

「いや、いい！　いらね！　そったの！」

言葉はキツいが、表情は柔らかい。

「あ……兄ちゃん、今日は車で来たのが？」

「え。はい。車です……」

「じゃあ、コンビニまで送ってくれんかな」

セブンスターのカートンを買ったオバちゃんを再び床屋まで送り、家に帰った三村は弁天様を祀るお堂を探した。

適当な白紙に蛇を描き、夜にはお堂へ向かった。

お堂の前の通りで、塩を包んだ紙を燃やし、近くに「川」はなかったため、傍の側溝に燃えカスを流した。


さて、ここまで書き連ねたが、何一つ怪談的なことはこの一連の中にない。

煙鳥君の話はこう続く。


その後、三村は一つだけ不思議な体験をした。

父と農作業をしているとき、山のほうから、ごおんごおん、とまるで寺の鐘のような音が鳴り響いた。

あっちにお寺なんかあったっけ？

山は相変わらず深い森を擁している。

「あの鐘の音、どこからだっけ？」

「は？　鐘？　何の話だ？」

父には聞こえていないようだった。

鐘は暫くの間鳴り続け、止むと農村の暖かさだけが残った。

臭う

吉川君が専門学校に通っていた頃の話。

同級生のシュウヤに家へこないかと誘われた。

シュウヤとは入学当初からの友人だったが、思えば家を訪ねた記憶がない。

「ああ、行く行く」

「うん、酒とツマミはあるから、まあダラダラ遊ぼうよ」

「俺も適当になんか持っていくよ。実家から来た乾物が余ってるから」

「俺の家さ」

「うん？」

「ちょっと磯の臭いするけど、気にしないでね」

「磯？　海の香りってこと？」

「うん。そんな感じかな」

「大丈夫大丈夫。安アパートってそんなもんだよ。男の一人暮らしだとなおさら」

そんな会話をし、吉川君はシュウヤの先導で家に向かった。

アパートを目の前にすると、思ったより真新しい建物だったが、専門学校生の住まいがそれほど上等なはずもない。

「ドア開けたら、すぐ臭うからね」

上下水の不調でもあるのだろう。

ドアが開けられ、古川君はすっと鼻で息を吸った。

無臭。

建物の小綺麗さに合った、全くの無臭だった。

「ごめんね。我慢できる？　俺はもう慣れちゃったからさ。嫌なら場所変えるから」

シュウヤはバツが悪そうな顔で靴を脱いだ。

「いや、臭いなんて全然しないよ」

「ほんとごめん。気を遣わせて」

古川君の言葉はまるで上滑りしたようだった。シュウヤは少し耳を赤くして臭いを詫びるが、幾ら鼻を利かせても、全く臭いはない。

「まあ、何にせよ。呑もうよ。古川君が我慢できるレベルで助かったよ」

ちゃぶ台での宴会が始まり、二人はとりとめもなく、テレビや映画、学校の話などをした。

「いや、それはそうと、この臭いなんだけどさ――」

暫くすると、そう言ってシュウヤは身を乗り出した。

「――タオルのせいなんだよ」

そうして、シュウヤの祖父が死去したときの話が始まった。


その日、祖父が危篤状態に陥ったと、実家から電話があった。

慌てて駅にタクシーで向かい、とにかく早く田舎に着きそうな電車に飛び乗った。

到着後、呼吸の浅い祖父の様子を見ながら、両親から「もう近そう」と聞かされた。

夜、実家の風呂に入ろうとした所、もう自分用のタオルがないことに気が付いた。

引き戸から適当に一枚のタオルを取り出し、それで身体を洗った。

商工会議所がお祭りで配布したタオルだった。

親の言う通り、祖父はそのまま亡くなった。

一連の葬儀に参加し、アパートに戻る。

慌ただしい数日が終わったと、一息吐きながらバッグを開けると、むわっとその臭いが漂った。

「くさっ！」

荷物に何かが紛れてる。

もしかして、母が気を利かせてこの手の臭いがする食べ物をバッグに忍ばせたのだろうか。

バッグをひっくり返して、中身を確認すると、あの風呂で使ったタオルが入っていた。

鼻を近づけるまでもなく、臭いの原因はこれだ。

しかし、何でバッグに。こんなもの、持ってきた記憶はない。

それに生乾きの臭いにしては、度が過ぎる。

まるで、タオルに漁村がまるごと吸い込まれているような臭いだ。

とりあえず、タオルを洗濯機に放り、すぐに洗浄を掛けた。

が、臭いは取れない。

もう一度、洗っても臭いは変わらず。

捨てる、という選択肢もあったが、何故臭いが取れないのかが気になる。結果、タオルはいつまでもその部屋に置かれることになったまま、今に至る。

「ええ。それって、何だろう？　菌が繁殖しまくってるとか？　ハイターはかけてみた？」

「勿論、やったよ。それでも、全然ダメ。今は押し入れに仕舞ってるんだ」

興味深い話だ。そんなに臭いなら、是非嗅いでみたい。

古川君は堪らず「そのタオル、見ていい？」と持ちかけた。

「いいけど。ほんっとに臭いから、覚悟してね」

シュウヤは立ち上がって、背後の押し入れ戸を開けた。

「うっ！」

押し入れが開くと、ほんの一瞬でその臭いが身体中を包んだ。

鼻で息をするたびに吐き気が押し寄せ、口で呼吸をするにも、口内にこんな臭いが入ってくることを想像すると、胸が悪い。

「何だこの臭い！　腐ってるじゃないか！」

「え？　腐ってる？」

「ううう！　これ、肉が腐った臭いだよ！　腐臭！　ダメだよこんなものを家に置いてたら！」

「え？　臭いのは分かるけど、これ磯の臭いだろ？　肉？　何言ってんの？」

押し入れを閉めたのは古川君だった。

「ねえ？　何？　磯臭かっただろ？　腐臭？　磯だろ？」

シュウヤは顔色一つ変えずにそう言うばかり。

仲の良い友人を、こんなに遠くに感じるとは。
適当に話を切り上げ、古川君はシュウヤの家を後にした。

あの日　三題

施設

あの日。

深刻な事故が起きた。

皆本さんは、警察に勤めている。

皆本さん達はタイベックスーツとガスマスクを纏い、住民の避難活動に当たった。

見えない恐怖――放射線に囲まれながら、やがて活動は遺体の捜索へとシフトしていった。

第一原発のある双葉郡大熊町、双葉町から瓦礫や砂に埋もれた多数の死者が発見されていく。

来る日も来る日も新たな遺体が発見され、運ぶ、運ぶ、運ぶ。

ねじ曲がった電柱とヘドロの臭い。

これまでの日常の風景、生活、労働を全て覆す日々。

瓦礫。

啜《すす》り泣く声。

確認される死者の数が増えるにつれ、新たな遺体安置所を設定する必要が出てきた。

原発付近の放射線濃度を考慮に入れると、とにかく原発から離れたところに遺体を置かなければいけない。

選ばれたのは某警察施設だった。

こうして、車両で運ばれた遺体を一旦施設に集めてから他の安置所へ運ぶルートが設定された。

施設へ。

運ぶ、運ぶ、運ぶ。

段々と、生きている人の顔も死人の顔に見えてくる。

生と死の曖昧さをここまで知る必要はないはずだと悩み、追い詰められる。

施設へ。

運ぶ、運ぶ、運ぶ。

皆本さんは「地獄だった」と振り返る。

あの日。
深刻な事故が起きた。

現在その警察施設は本来の機能を取り戻している。
今では当時の事情を知っている者は、関係者の中ですら殆どいない。
数多のあの日を知らぬ者が「施設で不思議なものを見た」と身を震わせる。
人影を見た。
気配を感じた。
いないはずの場所に、いた。
皆本さんは分かっている。
それは不思議なものではないと。

遺体の一時安置所に選ばれた場所はもう一つある。
こちらも現存する施設であるが故、名称は秘す。
その施設には広いグラウンドがあった。

あの日。

深刻な事故が起きた。

そこに集められた遺体は比較的短期間で、正規の安置所へ移されていった。

皆本さんが夕方、グラウンドに車両を駐車しようとしたときのこと。

グラウンドの端に、真っ白い人影が見えた。

薄い夕闇の中、人影はぼうっと浮かんでいた。

白い、朧げな子供。

一般人だとしても、ここは関係者以外立ち入り禁止だ。

子供は誰かを探すように、ふらふらとグラウンドを彷徨《さまよ》っている。

近づくと子供は振り返り、少し俯いてから消えた。

「あんな日々なのに、夜になると見たこともない綺麗な星空があって、みんなで夜空を見上げたもんだよ」

皆本さんはそう言って、ようやく頬を緩ませた。

街の灯り

あの日。

深刻な事故が起きた。

（二重カギ括弧内「煙鳥メモ」ママ）

『双葉郡富岡町はその広範囲が津波によって流されてしまった。

町も、人も。

また富岡町は東北電力第二原発のある町でもある。

現場周辺は政府による立ち入り規制がなされ、出入りできるのは警察、消防、政府、自衛隊のみだった。

福島県警では四名の警察官が殉職し、更に避難誘導に従事していた佐藤雄太警部補は津波に飲まれた後、いまだに行方不明である。

後に、彼が避難誘導に使用していたパトカーだけが津波によって壊れた状態で発見され、現在でも応援で駆け付けた日本全国の警察官達がそのパトカーに自らの名刺を置き、手を合わせ、活動に従事するという。

震災によって大きなダメージを受けた福島県いわき方部について復旧するために政府が採った計画を「櫛の歯作戦」と呼ぶ。

いわき方部の沿岸を南北に走る国道六号線をまず復旧させ、そこから西へ復旧を進めていく計画を櫛の歯に例えて行われた。

幹線道路である六号線を復旧させることで人や物の流れを回復させ、効率よくいわき方部の復旧を進めるために採られた計画であった』

彼もまた、避難誘導や捜索活動に追われた。

そして、街に人がいなくなった。

無人街での彼の仕事は、パトカーに乗っての夜間の警戒活動。

復旧した国道六号線を走る。

遠方の海沿いに灯りが見えた。

街の灯り。

富岡駅周辺だった。

かつての住宅街にたくさんの灯りが点っている。

流行りの泥棒か。しかし、それにしては灯りが多い。

まるで、街がまだそこにあるようだ。

いや、街はまだそこにある。

だが、灯りを点す人々は、まだ戻ってきていないはずなのだ。

「あれ、何ですかね……？」

助手席に座る相棒も、目を細めて遠方の灯りを見ていた。

住居の窓から漏れる蛍光灯の光。

小さな居酒屋の看板。

信号と街灯。

この距離からは、まだそれぞれの灯りの源がどこにあるのかは分からない。

それでも、それらは少し前までごく普通に点されていたあの生活の灯りに違いないのだ。

ああ。当たり前の灯りが、今ではこれほどまでに奇異に映るのか。

街へ向かう。

街の人々に会う。
笑い、泣き、走り回る子供達。
彼らを見つめる大人達。
人々が照らし、人々を照らす街の灯り。
彼はハンドルを握りしめ、アクセルを踏んだ。
何もかも悪い夢だったのかもしれない。
あの灯りの下で、俺達はまた笑顔を浮かべるのかもしれない。

そして、悪戯者に息を吹きかけられた蝋燭《ろうそく》のように、全ての灯りはふっと消えた。
真っ暗闇になった。
街に人はいなかった。

(「煙鳥メモ」ママ)
『二〇一六年六月一八日、僕は富岡町を訪れた。
僕が二年前に訪れたとき、町は震災の爪痕を多く残したままそこにあった。
二年前は駅から国道六号線を跨いだ町内はいまだに街並みがそっくりと残って人だけが

消えたまま広がっており、富岡駅前はホームの間を繋ぐ跨線橋《こせんきょう》が螺旋状に捩れたままあり、駅周辺は崩れそうな建物群があった。

　現在、海際にあった住宅地は多くの家が撤去されていたが、国道六号線を跨いだ町内は二年前と変わらず街並みが残っていた。

　富岡駅前の崩れそうな建物群や捩れた跨線橋は撤去されて更地が広がり、遠くに放射線廃棄物の処理場が見えた。

　しかし、コインパーキングの看板は歪んだままそこにあり、津波の凄まじさを物語っていた。

　駅の近くには震災の犠牲者達への献花台があり、たくさんの花やお供え物があったが、現在献花台は撤去され、枯れた花束だけが献花台があった位置に置かれていた』

陽は昇る

　彼は四国で勤務していた。

　その夜。

寝ていると、外から馴染みのない音が聞こえた。

しゃん、しゃん。

何だろうと不審に思うと同時に、自分の身体が動かないことに気が付いた。
単に寝覚めが悪い訳ではない、何か現実と調子がズレたような違和感があった。
目は動く。
薄暗がりの中に見えるものは、いつもと同じ自分の部屋の風景だ。

しゃん、しゃん。

それは鈴の音だと分かった。
外から鈴の音が聞こえてくるのだ。

しゃん、しゃん、しゃん。

鳴るごとに音は近づいてきた。
彼の部屋はアパートの二階。
今、鳴った音は恐らく階段の途中。
しゃん、しゃん。
廊下。
しゃん、しゃん。
玄関の前。
しゃん。
視線を玄関に向けると、闇の中に白いシルエットが浮かんだ。
錫杖《しゃくじょう》を持って、枕元に立ったのは白装束を纏い三度笠を被った老婆だった。

老婆の出で立ちはテレビで見知ったことのあるお遍路さんそのものだが、お遍路さんに玄関をすり抜ける芸当ができるとは聞いたことがない。

夢か。

金縛りに遭っているように感じるのも、単に半分寝ているだけなのかもしれない。

それにしては、随分現実味のある夢だ。

老婆の姿を見ても、不思議と怖れを感じなかった。

しゃん。

「頑張んなさいよ」

老婆は優しい声色でそう言った。

返事をする間もなく、老婆は彼の身体ごとベッドと壁をすり抜けて去っていった。

翌日、彼は東日本大震災の応援のため、被災地に行く指令を受けた。

あの日。
深刻な事故が起きた。
たとえ悲しい夜が来ても、必ず陽は昇る。
必ず、陽は昇る。

【被災後、無人となった富岡町（2016 年 6 月 18 日撮影）】

面影の背負いて歩むは盆の道

早くして亡くなった友人の墓へ、お参りに行った。
墓前に菓子、果物などを供え、手を合わせる。
帰りしな、墓地の入り口でたばこに火を点けた。
刹那、ずっと喧《やかま》しかった無数の蝉の声が、ピタリと止んだ。
吸い終わり、たばこの先を空缶に押し付けると。
また、蝉の声が辺りを包んだ。
ある年の、盆の話。

回廊の家

まずはＬｏｃｏさんという人物の紹介から始めよう。
①Ｌｏｃｏさんは北海道在住の男性で、古本を中心に古物商を営んでいる。
②Ｌｏｃｏさんは「アマチュア怪談師」を名乗っている。自身の怪談語りをツイキャスで配信していて、そのアカウント名が「Ｌｏｃｏ」なのだ（仮名にしなくていいとは本人から許可取得済）。
③Ｌｏｃｏさんは百メートルを十一秒台で走る。小さい頃から熱心にスポーツをやっていて、特に短距離走の才能があった。今でも市民のスポーツサークルに所属しており、鍛錬は欠かしていない。

そんなＬｏｃｏさんに、スポーツサークルで知り合った不動産屋の営業マンから、妙な依頼が舞い込んできた。

「一軒家の中のものを、まるまる買い取ってほしいんだよね」

「どういうこと？」

営業マンの説明は以下の通り。
①つい最近、彼の会社がとある古民家を買い取った。一人暮らしのお爺ちゃんが孤独死した家らしい。
②そうした事情のため、家にはお爺ちゃんの荷物がまるまる残されている。遺族は処分に困っており、次のような取り引き条件を持ちかけてきた。
③「荷物を全部処分してくれるなら、そちらに土地も売却していいですよ」
④この取り引きに乗ったものの、いかんせん不動産屋なので家電や家具などの処分をどうすればいいのか困っているのだという。

「Ｌｏｃｏさん、人の家に行ってリサイクル品を買い取ったりもしてるでしょ？　そのノリで頼むよ」

「いやいや、一応古本屋なんで、家一軒分はさすがに……」

Ｌｏｃｏさんも一旦抵抗したものの、相手はさすが営業マンである。そのまま会話の勢いで首を縦に振らされ、家の鍵まで手渡されてしまった。

まあ、古物市に出せばいいか……。

家電や家具が専門の仕事仲間にも連絡してみたのだが、いかんせん誰も予定が合わない。

仕方なく一人でトラックを運転し、その家へ向かうこととなった。

到着したのは昼の十二時。

問題の建物は、平屋の一軒家だった。

その玄関を開け、土間へ一歩足を踏み入れた途端、Ｌｏｃｏさんに違和感が走った。

入ってすぐ目の前が壁となっている。土間の右手にトイレがあり、左手から室内へと上がる。細長い廊下の先に、ドアがある。

何だかおかしな造りだなと思いつつ、靴も脱がずに入り込み、通路の先のドアを開ける。

その中は、驚くほどに真っ暗だった。

室内に一筋の光すら射しておらず、触れたら手触りのありそうな、ごろりとした暗闇が広がっている。

木造の古びた家なのに、どこにも隙間がないのか？

とはいえ電気は通っているはずだ。スマホの明かりを頼りに、照明スイッチをまさぐる。

じじじっじ……かんかんかんかんかん。

蛍光灯が音を立てて明滅する。光が落ち着いたところで、そこがリビングのような広々とした部屋であること、そして異常なまでの暗さの理由が判明した。

二面ある窓どちらにも、真っ黒くてぶ厚い遮光《しゃこう》カーテンが掛かっていたのだ。床まで布地が垂れ下がり、最早「暗幕」と呼んだほうが正確だろう。

よほど神経質なお爺ちゃんだったのか、趣味で写真の現像でもしていたのか。それにしても不自然なまでの幕の厚さである。

ともかく窓を開けて光を入れようと、Ｌｏｃｏさんがカーテンに手を掛けたところで。

「うわなんだこれ」

思わず口から声が漏れた。

窓枠に付けられた二本のカーテンレール。普通、レールの内側には非遮光の薄いレースを設置するはずだ。ところがここでは違った。

暗幕を開いた先に、また同じ暗幕が掛けられていたのである。

恐る恐るそのカーテンを開いてみると、窓ガラスと古びた雨戸が視界に入ってきた。

これが、またおかしい。窓と雨戸の間に、鉄格子がはめられている。

それも、よくある面格子のサッシではない。雨戸との隙間に無理やり通したであろう無骨な鉄の棒が、ずらりと縦に並んでいるのだ。

……防犯、じゃねえよな……何なんだ、この家。

これでは内側から雨戸を開けることができない。仕方なくカーテンを閉め直し、部屋を移動することにした。まずは一回りして、どんな家具と家電があるか把握するのが先決である。

入ってきたドアとはまた別のドアを開けると、リビングから直に次の部屋へ繋がっていた。

その部屋の窓も、やはり暗幕のようなカーテンが二重に掛かり、鉄格子がはまっている。

一通り見渡した後、部屋を横切った先のドアを開ける。そこで廊下に出たのだが。

「んんんっ!?」

再び、声が漏れた。

まっすぐ延びた通路。その両脇は、開口部も何もないただの壁となっている。そんな閉塞感の強い廊下が、二メートルほどで正面のドアで行き止まる。そこを開けると、また別の部屋へ続いていた。

つまりこの廊下は、一つの部屋からまた別の一部屋へ進むためだけにあるのだ。

片廊下であれ中廊下であれ、廊下というのは複数の「室」を繋げるためのものなのに、その機能を全く果たしていない。まるで空間の帳尻合わせのためだけに造られた、ただの細長いデッドスペースのようだ。

そうして入った先の部屋の窓も、二重の暗幕で覆われている。見るまでもないと思ったが、一応窓と雨戸の隙間のぞんざいな鉄格子も確認しておいた。

斜め向かいのドアの先は、風呂場となっていた。さすがにもう別のドアはなく、ここが終点となっているようだ。

……いやいやいや、こんな建物、見たことねえぞ……。

この家には、ワンコースのぐるりと回る動線しかない。恐らく風呂場の壁の向こうが、玄関の土間右手にあったトイレとなるのだろう。

しかも各部屋の窓は全て、二重の暗幕と鉄格子と雨戸で厳重に封鎖されている。開口部は、一本道を進むためのドアしかない。

これはもう、玄関から風呂場までの一本道を進むだけの「回廊」ではないか。

そして勿論、ここからリビングまで戻るには、同じコースを引き返すしかない。

建築学も風水も知らないが、どちらにとっても最悪の造りの家なのは間違いないだろう。

ただ往復するだけで、Ｌｏｃｏさんの気分はすっかり滅入ってしまった。

本格的な作業にとりかかる前から疲れ果ててしまったが、もう帰るとも言っていられない。

またリビングに戻り、鑑定と選別を開始する。中古品を扱う経験が長いＬｏｃｏさんは、各品物から大体の人となりが察せられるそうだ。

……この人、随分前に奥さんを亡くしたんだな。

ティッシュやゴミ箱や複数のリモコンなど、生活用品あらかたが、ソファ周辺にだけ配置されている。たった一人で、日がな一日ずうっと定位置だけで暮らしていた証拠だ。

……あ、でもやっぱり神経質でもあるな。

全てのリモコンに、きちんとラップが巻いてあるのだ。よほどのきれい好きなのだろうか。厳重に封鎖された窓といい、家主のどこか偏執的な性格が感じられてしまう。

また、本や趣味のものなども皆無で、人となりを示すような情報が一切ない。一体どんな人生を送ってきたのか。人物鑑定が得意なＬｏｃｏさんでも、今回だけは皆目見当が付かなかった。

「あれ」

そこで、ガラスの戸棚に目が向いた。

一段だけの小さな棚が、冷蔵庫の上に置かれている。ガラスの中は、目隠しのようにレースのカーテンが引いてあった。それを開けてみると、向こうに二体一組の小さな蛙がちょこんと置かれていた。

薬局で貰える、コーワのケロちゃんコロちゃん人形だ。

何ともささやかだが、この家で唯一、人間味を感じさせるポイントだった。

……へえ、こんなものもあるんだな……。

と、Ｌｏｃｏさんが戸棚のガラスを開き、人形に手を掛けた瞬間。

「えっ」

辺りが闇に包まれた。この家に入ってきたときの、手で触れるような暗闇に。

……おいおい停電か……。

咄嗟に戸棚から離れたところで。


じじじじ……。


音を立てて、蛍光灯が復活した。

……なんだろう、これ……。

また戸棚に手を伸ばし、人形に触れてみた。

その瞬間、明かりが消えて暗闇に覆われる。手を離せばまた、じじじ……と蛍光灯が点いた。

「……」

Ｌｏｃｏさんの中で、ある予感が湧きおこった。根拠はどこにもない。ないのだが、何と言えばいいのだろうか。

家全体を包む暗くて閉鎖的な「異様さ」と、ただ一点、戸棚の人形の「普通」というコントラスト。

また一度、その人形に触れる。停電する。手を離す。光が戻る。

……何だかよく分からない……分からないのだけど……。

この人形に触れられることを、この家が拒んでいる。

逆に言えば、この人形をこの家から出してやらなくてはいけない。そんな気がする。

Ｌｏｃｏさんは、すっと戸棚の前で姿勢を正した。そして一旦深呼吸をし、大きく手を振りかざすと。

素早く腕をなぎ払い、ざざっ、とケロちゃんコロちゃんを掴みあげた。

ばちん！

おかしな音を立てて蛍光灯が消えた。もう二度と点灯しないだろう、と思った。

手探りで壁を伝い、リビングから抜け出そうとする。予想通り、いつまで経っても照明は復活せず、それどころか自分と人形を包む暗闇が、更に暗さを増していく気さえする。

冷や汗が流れる。手に触れる壁は、どこまでも続いていく。

ここは確かに一番大きな部屋だったが、こんなにも広かっただろうか？

暗闇の濃度が上がり、今にも誰かの手が、鼻先をつまんできそうだ。

ようやくドアにたどり着くも、扉はしっかり閉じている。

くそ、開けたままにしておけばよかった。

ノブをまさぐろうとするが、すぐに見つからない。背中がざわつく。もしかしたらすぐ傍で誰かが息を吹きかけているかもしれない。

何とかノブを見つけ、ガチャガチャと乱暴に回し、扉を開け放った。

ここから玄関までは一直線のはず。

身体を前に傾け、思い切り飛び出した。

そのまま、暗闇を走った。

百メートル十一秒台の速さで、ひたすら手足を動かした。


どん！

身体が硬いものにぶつかった。

玄関だ。

その引き戸を開け、外に転がり出る。

地面に倒れこむようにして立ち止まり、そのまま振り返った。

午後のうららかな太陽が、家の中へも射し込み、土間の向こうまでぼんやり照らしてくれていた。

Ｌｏｃｏさんは、小さい頃からずっと熱心にスポーツを続けている。特に短距離走には自信がある。

そんな彼なので、自分が走っている速度とその秒数についても、かなり正確にカウントできた。

四十秒。

百メートル十一秒台で四十秒。確実に、それだけの距離を走り抜けた。

しかし玄関からリビングのドアまでは、たった三メートルしかなかった。

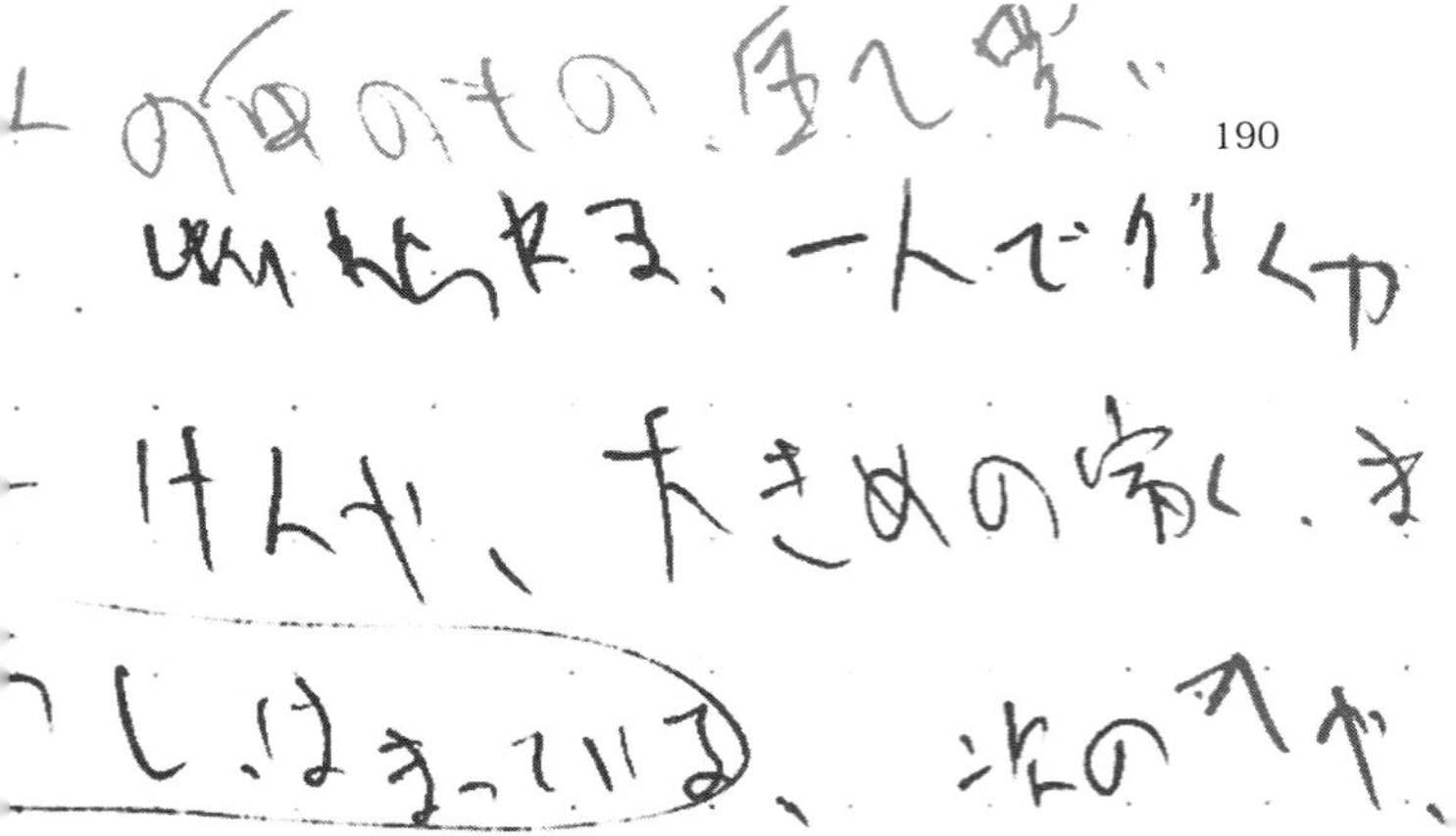

【体験談取材時の煙鳥ノートより】

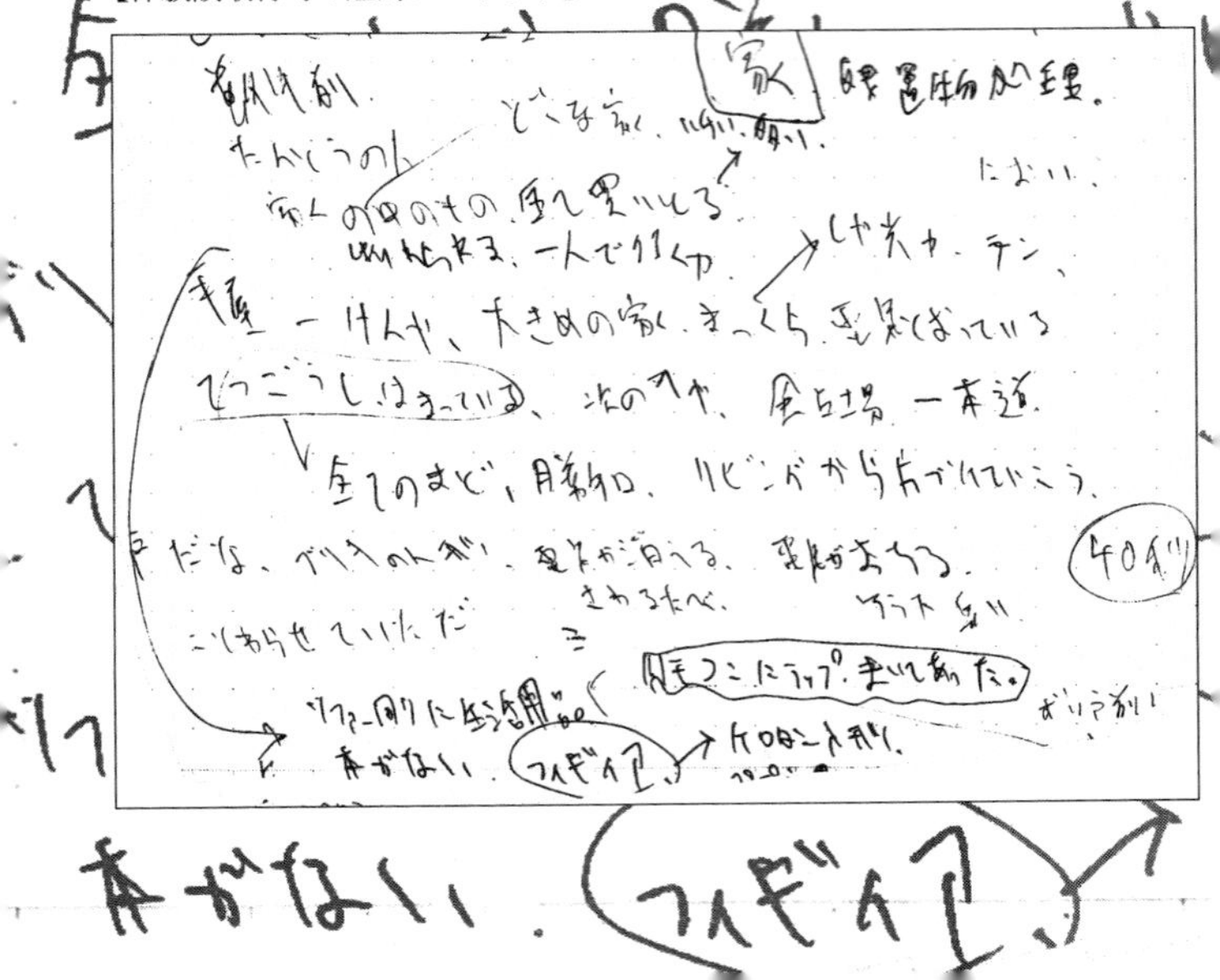

〈その夢〉

天井からぶら下がる、小さな裸電球が一つ。

その光源はあまりに頼りなく、辺りは薄暗かった。

実家の敷地にある蔵の中で、京子は一人立っていた。

物置として使われていたその蔵は小さく、故郷の記憶に於いてとても希薄な存在だった。

自分がそこにいる意味は分からない。

京子はまだ、これが夢だと気が付いていないのだ。

顔を動かして、左右の闇に目を凝らすと、天井がガタガタと鳴った。

ふと、顎と目を天井に向けた。

刹那。

上方から黒い塊が落下し、左腕にずしりと負荷が掛かった。

身体が傾くと同時に、朧げだった光景のピントが合った。

真っ黒の赤子が京子の左腕にしがみつき、見上げていた。

振り落とそうと、激しく身を振ったが、赤子はなお一層に力を込めて腕を抱える。

赤子の目鼻の様子は、記憶にない。
口の記憶はある。
というのも、遠ざけようと足掻いていると、赤子は腕に噛み付いてきたのだ。
黒い赤子が口を大きく開けると、桃色の口内がやけに明るく見えた。
刺されたような、吸い付かれたような痛みが左腕に走った。
苦痛が身体を激しく暴れさせ、ようやく赤子は落下した。
蔵を飛び出し、実家に逃げ込んだ。
靴のまま、式台を踏み廊下を駆けて居間へ入る。
立ち止まり、荒い息をふうふうと吐いた。
と、また上方がガタガタと鳴った。
再び、左腕に天井からの重みがぶら下がる。
京子が暴れると、それはまた噛み付いてきた。
振りほどき、台所へ。
ガタガタ。
ずしり。
がぶり。

二階の自室へ。
ガタガタ。
ずしり。
がぶり。
両親の寝室へ。
ガタガタ。
ずしり。
がぶり。
屋内のどこへ逃げても、その一連が繰り返される。
京子が何度も何度も見た〈その夢〉の終わりはいつも、
「痛い！」
という己の叫び声だった。

そして、ある夜の〈その夢〉。

ガタガタ。ずしり。がぶり。ガタガタ。ずしり。がぶり。ガタガタ。ずしり。がぶり。

ガタガタ。ずしり。がぶり……。

「痛い！」

いつもの叫び声。

ベッドの上で、背中に敷き布団の感触がある。

覚めた。

が、このときはどこかいつもと違う感覚があった。

不快な汗で濡れた身体の気怠さとともに、腕に圧迫感が残っていた。

ああ、まだ夢がしがみついている。

まだ、しがみついている。

しがみ、ついている。

まだ、覚めていない。

今、やっと覚めた。

しがみ。

ついている。

まだ赤子のしっとりした小さな手が、左腕に触れているようだ。

まだ覚めていないのか。

いや、覚めている。


あ。


京子が顔を横に向けると、ベッドの横でしゃがむ男の姿が目に入った。

男は京子の左腕を抱き、手の甲から腕に掛けて、ぺろぺろと舐め回していた。

「きゃああああああああああ！」

思い切り叫ぶと、男はさっと床に伏せた。

四肢を繰って、ベッドの下に逃げ込む様子はまるで虫のようだった。

何故そんな袋小路に逃げるのかと虚を突かれた京子は、ベッドの上から勢いを付けて下を覗き込んだ。

男の姿はそこになかった。

みどりさん

―

ある特別養護老人ホーム、俗に言う「特養」で働く、山田富夫さんという男性から煙鳥君が聞いた話である。


山田さんが担当している利用者の一人に「みどりさん」という女性がいた。

みどりさんは認知症の度合いがかなり進んでいて、日がな一日、ぼうっと窓の外を見てばかりだった。会話も殆どできないような状態だが、特養に於いてそれは珍しいものではない。会話ができなくても、生きているなら立派なお客さんだ。

みどりさんには「和恵」という名の娘がいた。

和恵さんはみどりさんの年齢と、本人の見た目から推察するに五十路程度。殆ど毎週末、みどりさんに会うため、施設に姿を見せていた。

「お母さん、来たよー！」

和恵さんがみどりさんに声を掛ける。

和恵さんの訪問時はいつも、娘を目にしたみどりさんの表情が少し和らいでいるように感じられた。勿論、娘の存在をどれだけ認識できるているかは分からない。しかし、山田さんの目にはみどりさんがほんの少しだけ、笑みを浮かべているように見えていたそうだ。

山田さんはある日、面会を終えた和恵さんから、「大事なお話があるんです」と声を掛けられた。

和恵さんは「私、実は会社の健康診断でガンが見つかったんです――」と言った。

「――もう、大分進行しているようで。これからは、今までほど頻繁にはここに来られなくなるかもしれません。それで、実は皆さんにお願いがあるんです。図々しいお願いかもしれませんが――」

山田さんは、和恵さんの表情からどこか覚悟のようなものを感じ取った。

この覚悟は、死を身近に捉えている者特有のものだ。

「――まだ二人が動けるだけ元気なうちに……生きているうちに実家に行きたいんです。実家には家族の思い出が詰まってます。何とか、私達がまだ動けるうちに行きたいんです。私達のどちらかが、いつか動けなくなるのは知っているんです」

和恵さんは、切々と思いを語った。

二人の実家は博多にある。

職員達は「それは無理なんじゃないか」「何かあったらどうするんだ」と口々に言った。

「気持ちは分かるが、認知症の入所者とガン患者を旅に出していいのか」

「ホームの責任になったらどうする」

山田さんはそんな言葉ばかりが出るミーティングの場で、

「俺がやりますから！　俺が計画を作ります！」

と声を上げた。

「何か起きるかもしれません。でも、あの親子はまだ身体が動きます。和恵さんはしっかりした方です。我々がちゃんとサポートすれば、上手くいく可能性が上がります！」

山田さんの誠意が、反対していた職員達の胸を打った。

こうして山田さんを中心とした「みどりさん親子帰省プロジェクトチーム」が結成されることとなった。

チームは、行き帰りの手段、博多の医療機関との連携、いざという時のマニュアルなどを作成した。二人がどこにいても福祉と医療に守られる状態にある旅行計画を立てたのだ。

　この一連は特養の仕事の範疇を超えていた。彼らを突き動かしていたのは人情、道徳、使命など、損得勘定できないものだった。それも「死」を目の前にしてのことなので、殊更に強固な思いがある。


　親子の出発当日、山田さんは和恵さんに計画書と薬を手渡した。

　和恵さんは涙を堪えながら感謝の念を表し、「こんなことをしてくれる皆さま方が働く施設に私の母を預けられて、本当に良かった」と言った。

　そうして二人は九州に旅立ち、無事に帰ってきた。

　今度は職員達が喜びの涙を流す番だった。

　俺達はやったんだ。俺達は、この親子の人生のサポートができたんだ。職員達は泣きながら山田さんを労った。

　だが、二週間ほど経った頃。

　和恵さんから施設へ電話があった。

「あの……実は末期と診断されまして、もう入院しているんです。もうお母さんには会いに行けません。ひょっとすると、お母さんよりも先に逝くことになるかもしれません。まさかこんな親不孝なことになるとは――」

山田さんは掛ける言葉が見つからなかった。

病状のせいか、電話口の声からは、かつての張りが消えていた。

「もう、会えないのかもしれないんです。もう会えないのかも……でも、もう一度会いたいんです……また、無理なお願いを言ってもいいですか……」

和恵さんが入院する病院に問い合わせると、「嘔吐が酷く、食事もままならない状態」との回答があった。

もう一度、会いたいんです。

無理なお願いを言ってもいいですか。

再び、山田さんが手を上げた。

これに反対するものはなかった。

無事にみどりさんをお見舞いに行かせ、まだ意識があるうちに和恵さんに会わせなければ。問題が起きないよう再び入念な準備をし、山田さんはみどりさんと出発した。

そしてまた、和恵さんの涙を見ることになった。

「本当に、本当にありがとうございます」

娘の顔を久しぶりに会えたことがよほど嬉しかったのか、みどりさんはホームで見せたことのない満面の笑みを浮かべた。

「本当に……本当に良かった。死ぬ前に、お母さんに会えた」

山田さんら職員は、九州にいるみどりさんの親戚に連絡した。

「そちらの施設にお世話になっているというお話は、和恵さんから聞いています。分かりました。いざという時は私が引き取ります」

いざという時。

そう、二人にはいずれ「いざという時」が訪れるのだ。

そのときが、親子のどちらへ先に訪れるのか職員に分かる由もない。

この二人にするべきケアは、最早弔いの段取りだけだった。

それから間もなくして、「和恵さんが危篤状態となった」という連絡が件の親戚から施設に入った。

「私もこれから急いで向かいますが、博多からでは間に合わないかもしれない」

親戚の沈んだ声が受話器から届いた。

山田さんが単身、病院へ向かった。

ただ、和恵さんを知る誰かが看取るべきだと思った。

和恵さんが息を引き取った後、親戚が到着した。

「みどりさん、今日はどう？　具合いいかな？」

会議の結果、ケアマネージャーが、みどりさんに和恵さんの訃報を告げることになっていた。

「あのね、みどりさん。今日はお話ししなくちゃならないことがあるの。あのね、みどりさん。和恵さんが死んじゃったのよ」

山田さんはケアマネージャーから「表情が変わったのよ。やっぱり……悲しそうだった」とそのときの模様を聞いた。

その後、みどりさんは和恵さんの後を追うように亡くなった。

博多の親戚は再び遺体を引き取っていった。

それから暫くして、施設へ一通の封書が届いた。

博多からだった。

朝礼の場でケアマネージャーが封を開けた。

『先日は本当にお世話になりました。私の身内に大変親身にしていただき、本当に言葉もありません――』

　ああっ、と誰かが声を漏らし、皆がみどりさん親子の姿を脳裏に浮かべた。

『――遺品を整理しておりましたところ、二人が幸せそうに笑っている写真が見つかりましたので、同封させていただきました。今頃、二人も天国でこの写真のように笑って過ごしていることでしょう。これも全て、施設の皆さま方のおかげです』

　読み終えた後、ケアマネージャーが「あ、写真入ってるね」と封筒から、一枚の写真を取り出した。

「……ん」

　ケアマネージャーの顔が引き攣《つ》った。

「どうしたんですか……？」

　山田さんはじっと写真を見たまま押し黙るその様子を、不審に思った。

　ケアマネージャーは、まるで自分の目が信じられないとでも言いたそうに、首を傾げながら山田さんに写真を渡した。

「……山田さん。この写真、笑っているように見える……？」

　写真は、親子どちらかの誕生日のお祝いを収めたものだった。

　テーブルの上に蝋燭が刺さったケーキが置かれ、その後ろに親子が並んでいる。

蝋燭には火が点いている。誕生日のハイライトを切り取った一枚だとまでは分かる。

だが、親子は揃って無表情だ。


『幸せそうに笑っている写真が見つかりました』

親子は写真を見ているこちらを、じっと覗き込むような表情をしていた。

山田さんはそれらの顔に堪えられず、無言で隣の職員に写真を回した。

事務室に沈黙が伝染していった。


『今頃、二人も天国でこの写真のように笑って過ごしていることでしょう』


そのとき、その場の誰もがある、一つの想像をしていた。

この写真、変わってしまったんじゃないか。

元は笑っていたんじゃないか。

それなのに、ここに届けられたことで、こんな凄まじい顔になってしまったんじゃないか。

二人とも死にたくなかったんだ。
もっと生きたかったんだ。
だから、こんな。
だから、こんな恨めしそうな顔を。
生きたかったと、自分達に伝えたかったんじゃないのか。

山田さんは施設の規則通り、記録ノートにメモを添え、手紙と写真を貼り付けた。

二

二年後。
施設に近々不定期の監査が入ることになり、職員達は書類の整理をしていた。
『みどりさんの御親戚の方から』
山田さんは二年前に自らが記録したそのページを偶然見つけた。
そこには、糊で添付された手紙が一枚。
しかし、写真がない。

記憶はしっかりある。確かに手紙の下のスペースに写真を貼ったはずだ。

だが、開いたそのページには、そもそも手紙の下に全く余白がなかった。

これでは、そもそも同一ページに写真を貼った記憶そのものが間違い、ということになる。

次のページを捲ってみるものの、別日の記録があるのみだ。

山田さんは隣にいた同僚に声を掛けた。

「あ、あの。前に入所していたみどりさんのこと、覚えてますか？」

「ああ……懐かしいね。でも、あの写真……怖かったよねぇ……」

「このページ見てもらえます……？」

「ああ。この手紙……そうそう。あれ？　ここにあの怖い写真貼ってなかった？　回覧でもう一回見たから、よく覚えてるつもりなんだけど……」

「ええ。私も貼った記憶あるんですが……これ、こんなに隙間なかったら貼れませんよね？」

「あ！　ああ……山田さん、もうこの話、止めましょう……」

同僚は頭を掻きながら、記録ノートを段ボールに戻した。

三

この話には前日譚がある。

煙鳥君は「山田さんから、先に聞いていた話」を持っていたのだ。

初めて煙鳥君が山田さんに取材した折、山田さんは「施設内で死亡した入居者が生前に着ていた服の保管場所があるのだが、そこの部屋の壁だけに、幾ら掃除をしても落ちないカビがびっしりと生えている」と小話をしたのち、「そういえば、変わった認知症のお婆さんがいる」と話しだした。

お婆さんはいつも「子供がいる」「子供がうるさい」と喚き立てていた。

認知症による幻覚、幻聴が起きているのだろうと職員は解釈していたが、誰もいない場所を指差したり見つめたりしながら、そのようなことを言うので、しばしば恐ろしく感じてしまうこともあったそうだ。

その日、彼はそのお婆さんがいるフロアの深夜勤務担当になった。

詰め所にいるとナースコールが鳴った。

発信場所はあのお婆さんの部屋。

速やかに部屋に行き、ドアを開けた。

「子供を追い出して！」

「え？」

「子供を追い出して！　さっきから廊下を走り回ってうるさいのよ！　早く追い出して！」

お婆さんは酷く興奮しているようだった。

「子供なんかいないですよ。もしいたら、ちゃんと外に出しますからね。はいはい。安心してくださいね」

通り一遍の声を掛け、何とか宥めた。

だが、詰め所に戻ってすぐ、またナースコールが鳴った。

溜め息を吐いて確認すると、発信場所はお婆さんの部屋ではなかった。

そこは、あるお爺さんがいる部屋だった。

このお爺さんが深夜にコールするのは、初めてのことだ。

彼は気を引き締めて部屋に向かった。

部屋に入ると、お爺さんはこちらを向いて、口をパクパクさせていた。

声帯手術を受けて以来、声を上手く出せなくなっていたのだ。

「ホワイトボードに書いてください。それだと分からないですよ」

そう声を掛けたが、お爺さんは首を激しく横に振るばかりだ。

そして再び、口を開けたり閉じたりを繰り返す。

「え？　何ですか？」

彼は口元に耳を近づけた。

「こ……ど……も」

お爺さんは、掠れた声でそう言った。

彼は一気に背筋が寒くなり、慌てて顔を離そうとしたが、お爺さんは両手で頭にしがみつき、再び「こ……ど……も……」と言うと。

続けて。

「い……る……」

お爺さんはそこまで言うとパッと力を抜き、ようやく頭を離してくれた。

その後は、糸が切れた人形のように静かにしていた。

四

「背中の子供が重いのよ、あなた、何とかしてちょうだい」

子供がいる子供がいると騒いでいたお婆さんは、遂に「今、子供をおぶっている」とまで言うようになった。

「ああ。それは大変ですね。どれ、私が代わりにおんぶしますよ。どれどれ。よいしょっ」

持て余した職員の一人が、身振り手振りを加えながら、お婆さんにそんな声掛けをした。

「ああ！　こんなに重かったんですね。これは大変だったでしょう。後は私に任せてください」

お婆さんはこの対応に機嫌をよくして、静かになった。

そしてその後、「最近、肩こりが酷くて身体が重く感じる」と言うようになったその職員を見た入居者の一人が、

「あの人は、あんなふうに子供を背負って仕事をしているの。若いわねえ」

と言ったそうだ。

子供に付き纏われていたお婆さんは、どんどん認知症が悪化し、日がな一日ぼうっとす

るようになった。

そのお婆さんの名は「みどり」。

あのみどりさんだ。

五

私はこの二つの談話を執筆しているうちに、山田さんの挙動に違和感を覚えた。

「煙鳥君、じゃあ山田さんは最初からみどりさんを怖がっていた、ってことにならない？

そんな不気味な入所者に、それほど親身になれるもんかね」

「ううん。山田さんから最初に話を聞かせてもらったときは、まだみどりさんのフロアの担当を常時任されていた訳じゃなかったんですよ。だから、少し距離があったようなんですね。なので『怖いお婆さんがいる』なんて言ってた。でも、みどりさんのフロアの担当になってから……これは想像ですけど、やっぱり、自分が担当しているということで、思い入れが大きくなったんじゃないですかね。噂話を聞いたからと、怖いなんて言ってられないですよ。相手は生きた人間なんですから。山田さんは心優しいプロですからね」

なるほど。

人間とは、かくも難しいものだ。

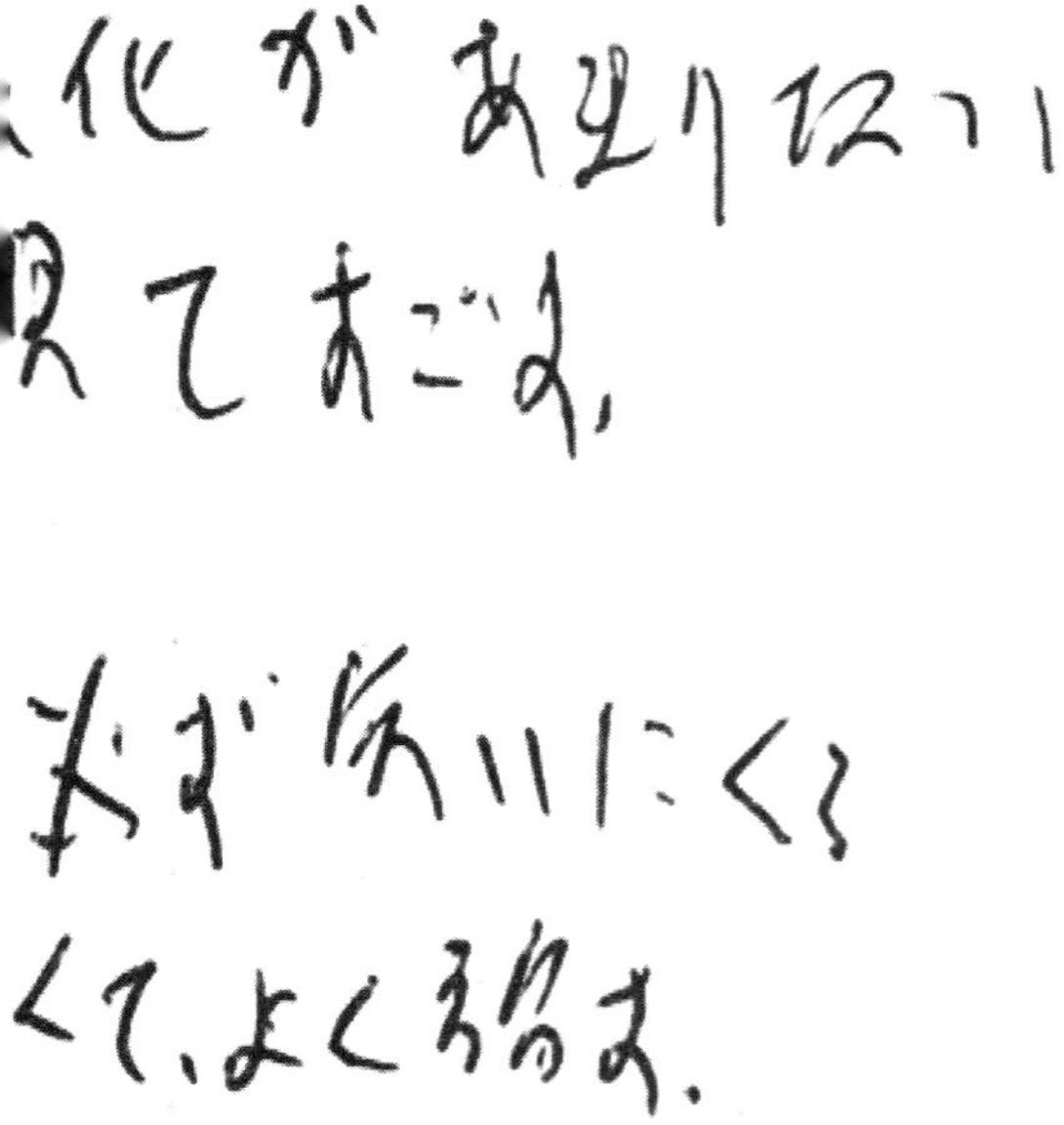

【体験談取材時の煙鳥ノートより】

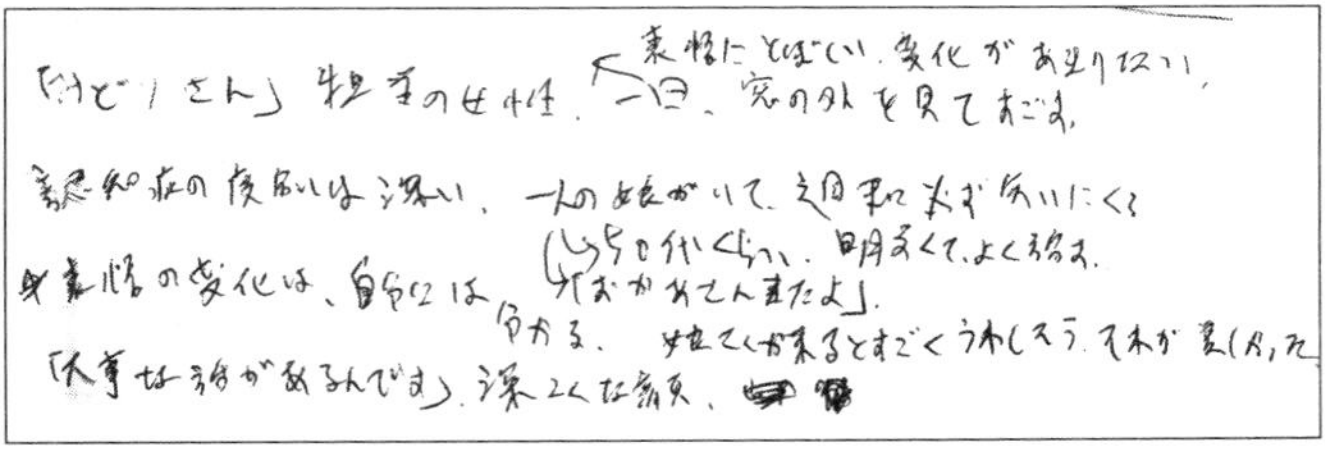
「[illegible]どりさん」独身の女性。一日、窓の外を見てすごす。

表情にとぼしい。変化があまりない。

認知症の度合いは深い。一人の娘がいて、週末に必ず会いにくる。

[illegible]くらい。明るくて、よく話す。

表情の変化は、自分には分かる。「おかあさん来たよ」。娘さんが来るとすごくうれしそう。それが嬉しかった
「大事な話があるんです」。深刻な顔。[illegible]

白い服の女

「家にまつわる言い伝えがあります」と、ホンダさんは教えてくれた。

煙鳥君が所属していた映画サークルの上映会の、打ち上げの席にいた男性だ。

「地域や家によっては、ヘチマを植えてはいけない、犬を飼ってはいけない、っていうタブーがあるでしょう？　うちも田舎だからなのかな。それと一緒で」

お墓参りに行ったとき、白い服を着た女を見かけても、そのことは誰にも言ってはいけない。

彼の家では、そんな決まり事があるらしい。

「いけないって、何でですか？」

煙鳥君の質問に、ホンダさんはこう答えた。

「近いうちに死ぬから、です」

ホンダさんが子供の頃の出来事。

お盆の時期に、家族揃って墓参りに出向いた。祖父母と父母、そして彼と弟の六人連れ。

先祖代々の墓は、集落の外れの丘の上、集合墓地の中にある。林の未舗装道を通っていかねばならず、途中には、小さな滝が流れている。水はけが悪いため地面がぬかるんでおり、大層歩きにくい。

ぐちゃり、ぐちゃり。裾には泥水がはね、靴底を土だらけにしながら進んでいく。そこから丘の坂道を登ったところに、集落の墓が並んでいる。

敷地の端にある自分達の墓に花を供えて、家路に就いた。

そうして帰宅した途端、お爺ちゃんが独り言のように呟いたのである。

「見たか、あの白い着物の女の人。ドロドロにぬかるんだ道で、よくあんな着物を着て歩くなあ」

しかし他の家族は全員、何を言われたのか理解できなかった。

「そんな人、いなかったよ」

ようやく返答したのは、孫のホンダさんだ。そんな目立つ服を着ている女性がいたら、見落とすはずがない。お爺ちゃんは冗談でも言っているのだろうか、と思った。

しかし次の瞬間。さっと顔色が変わったお爺ちゃんが、こちらに向かって屈み込むと。

「本当にそうかっ。いなかったんだなっ」

ホンダさんの両肩を揺さぶり、大声を上げた。

「……本当だよ」

その返答に、お爺ちゃんの表情は暗くなり、両手がだらりと肩から離れていった。

それからというもの、お爺ちゃんは畑仕事も趣味も、何一つ行わなくなった。ずっと縁側に座り、哀しげな顔をして、日がな一日ぼうっとしているだけ。

たまに動きだしたかと思うと、部屋の押し入れや物置の中から、ごそごそ荷物をひっくり返している。どうやら、自分の物を整理しているようなのだが、その目的が分からない。

そんなある日。

お爺ちゃんは家から姿を消した。

このところ奇行が目立っていたので、家族はすぐに警察に捜索願いを出した。

すると翌日、近くの川に浮かんだお爺ちゃんの遺体が発見された。土手の地面には、足を滑らせて落ちた痕跡が見られ、脇の木の枝には破れた部屋着の片袖が引っかかっていた。

誤って川に落ちたということで、間違いないだろう。警察はそう判断した。


そして、二十年後である。

社会人になったホンダさんは、東京でテレビマンとして働いていた。忙しい業界ながら、幸いお盆にまとまった長期休暇が取れたので、実家へ帰省することにした。

当然のように、家族でまた丘の上の墓参りをする。

そして家に戻ったところで、今度は父親がおかしなことを口にした。

「お母さん、もう着替えたのか？」

何を言っているの、と母親が怪訝な顔を向ける。

「いや、お母さん、墓参りに、真っ白いTシャツを着てきたじゃないか」

滝の小道を歩いている際、泥がはねないか心配したことも、よく覚えているのだという。

「いやだお父さん、目が悪くなったの？　朝からずっとこの服でしょう」

そう笑いこける母に対し、父の顔は一転、深刻な表情へと様変わりした。

「ああ……そうか」

その日も、次の日も、父はずっと黙りこくっていた。お喋りな性格にも拘らず、必要最低限の言葉以外、何も発さなくなったのだ。

せっかくのお盆休みに、箪笥の物を出して、黙々と整理しているばかり。

遂にはホンダさんを自室に呼びつけ、土地の図面を広げて見せながら、

「うちが持っている土地は、ここからここまでだから」

などと説明してくる始末。

「一体、何なの？」

さすがに不審に思ったホンダさんが、強い調子で詰問した。

すると父親はそっと立ち上がり、襖を開けて廊下を窺った後、また彼の前に座り直した。

どうやら、他の家族が傍にいないか確かめてきたようだ。

「……俺はお爺ちゃんから聞いた。お爺ちゃんは、ひいお爺ちゃんに聞いた。うちの家長は、跡を継ぐときが分かる」

何故なら、現役の家長がいつ死ぬかが明確に分かるから。

それは、墓参りの途中、白い服の女を見かけたときである。

あの墓地で白い服の女を見た。そう呟いた家長は、すぐに死んでしまうのだ。

「俺はお爺ちゃんから、亡くなる直前に聞いた。もし自分が同じものを見ても、誰にも言わないよう、ずっと気を付けていた。でも無駄なんだ。どうしても言ってしまうんだな。昨日の俺も、ダメだっただろう」

俄《にわか》には信じられないことだ。しかし二十年前の、あのお爺ちゃんの死にざまを思い出せば、事実と受け止める他ない。

「だからこれから、お前がちゃんと家のことを引き継ぐんだぞ」

父親はてきぱきと身辺整理を進めた。

二日後には、敷地の杉林に、役所の担当者と作業員達が集められた。ちょうど道路拡張工事計画が持ち上がっていたので、今のうちに境界線の確認をしておく手筈となったのだ。次の家長であるホンダさんも、現場に立ち会わされることとなった。

その作業中である。役所の人間がこちらに慌てた様子で駆け寄ってきた。

「ちょっといいですか。地面を掘ってたら、変なものが出てきたので確認してください」

土の中から、泥まみれの長持《ながもち》が三棹《さお》も出てきたのである。

「これ……分かりますか？」

「いや、心当たりないですね。確認してみましょう」

父親の指示によって長持の一つが開かれた瞬間、その場の全員が息を呑んだ。

中に入っていたのは、白無垢の花嫁衣裳。

それだけではない。着物には何本もの卒塔婆が突き刺さっており、巨大な粒の数珠でぐるぐる巻きにされていた。複数人で数珠回しをする際に使う、あの大きな数珠だ。

他の二つの長持にも、ほぼ同じ物体が入れられていた。

「しかもですね……。この辺り、まだ幾つか長持が埋まっているようなのですが」

役人も作業員達も、すっかり怯え切っていた。

「道路の拡張なら、この辺りを掘らなくても何とかなります。だからもう、切り上げさせてください」

めちゃくちゃな理屈を言い訳にして、彼らはいそいそと帰ってしまったのである。

しかし実際、その後の道路工事は長持のあったエリアを避けて行われた。

掘り返してしまった三つの花嫁衣裳と卒塔婆、数珠については、ホンダ家の檀家の寺でひっそりお焚き上げをしてもらった。

そのお焚き上げをした翌日のことだ。

「昨日の夜中、家に変な人が来たよ」

弟が、唐突にそんなことを言い出した。

深夜二時頃、たまたま弟が土間の近くを歩いていると、玄関がガタガタと揺れていることに気付いた。強風かとも思ったが、どうやら人がノックしているようだ。

引き戸を開けると、白い着物を纏った女性が立っていた。

「どうしたんですか」

こんな時間に何事かと面食らいつつ問い質してみると、

「お墓はどちらでしょうか」

女性はのっぺりした声で、そう訊いてきた。

「……はい？」

「お墓はどちらでしょうか」

「……こっちですけど、これから行くんですか？」

弟は、墓地のある丘の方向を指差した。

女は特に何も答えず、

「ありがとうございます」

やはりのっぺりした声で礼を告げ、丘のほうへと歩いていったのである。


「あれは、頭がおかしい人だったのかなあ」

そんな感想を述べる弟をよそに、ホンダさんと父親は、心底からの戦慄を感じていた。

この弟には、白い服の女の話も、長持が掘り出されたことも、何一つ説明していない。

一体白い服の女は、何をしたかったのだろうか。何故この家を訪ね、何故墓地に向かったのだろうか。

全く以て意味不明で、何が起きたのか見当も付かない。

とはいえ、ホンダ家にまつわる因縁の潮目は、そこで変わったようだ。

あれから二年経った今でも、ホンダさんの父親は死を免れている。大病も怪我もせず、全く健康に生き続けているのだ。

それはそれで、喜ばしいことではある。結果的に、あの長持が掘り出されたことが功を奏したのだろうか。

それでも、ホンダさんと父親は、掛け値なしにこう考えている。

あの長持が掘り出された杉林の土地は、もう絶対に手を触れるべきではない、と。

あとがき

煙鳥君と私との交友は、彼が「オカのじ」コミュニティを結成した二〇〇九年頃に始まった。怪談プレイヤー「煙鳥」の芸歴開始当初からの付き合いと考えてよいだろう。知り合ってすぐ、彼含む数名で青森県へのオカルト取材旅行をしたことも覚えている。高速道路が千円でどこまでも走れた時期で、せっかくなら最北端の青森まで行こうとしたのだ。あの頃は皆とにかく暇だった。その旅行中ずっと、私は煙鳥君にある警告を発していた。彼と初対面の鹿角崇彦氏は「長渕剛原理主義者」なので「鹿角さんの前では絶対に長渕の悪口を言わないよう」釘を刺していたのだ。しかし酸ケ湯《すかゆ》温泉の宿にて、禁忌が破られた。泥酔した私が鹿角氏に向かって長渕の辛辣《しんらつ》な批判を繰り返し、もはや殴り合いの喧嘩しかない事態へと陥ったのだ。部屋を飛び出した私と鹿角氏が、数秒後、肩を組んで再入室し「ドッキリでした!」と告げたときの、煙鳥君の反応は忘れられない。「よかった〜!」と顔を真っ赤にして、その場に頽《くずお》れたのだ。十三年経った今もなお、彼はその一件を恨み続けている。なのに何故、彼が私にこの本を書かせてくれたのか。その意図はまったく見当も付かない。

吉田悠軌

怪談で繋がる

本書「煙鳥怪奇録」はコロナ禍から生まれた。ソーシャルディスタンスと飲食店の休業で取材が困難になった中、私が思いついたのは「公の場で語られてはいるが文章化されていない怪談のアーカイブ化」だった。ならば、とすぐに煙鳥君の存在が頭に浮かんだ。煙鳥君と交流を重ねて企画を温め、かねて煙鳥君と縁が深い吉田さんを共著者に招いた。結果、このように一冊に纏めることができた。

煙鳥君の語りで本書に収載した怪談を知っている方々も楽しめるよう、著者の色も濃くしている。打ち合わせの場で吉田さんは「自分達の文体、スタイルを活かそう。それで怪談が伝播され変化していく様も体現できる」と言った。事実、そういった出来上がりになったと自負している。

執筆中、煙鳥君の怪談にかける情熱をひしひしと感じた。その辺りは余りに純粋な巻頭言からも伝わるだろう。怪談が人を繋ぎ、このように本が出て書店に並ぶ。久々にこの感動を新鮮に味わうことができた。多くの人が本書を手に取り、私達と少しでも縁を持ってくれたら、こんなに嬉しいことはない。

高田公太

煙鳥怪奇録 机と海

2022年4月4日　初版第一刷発行

著者……………………………………………………………吉田悠軌、高田公太
怪談提供・監修……………………………………………………………煙鳥
装画……………………………………………………………綿貫芳子
カバーデザイン…………………………………………橋元浩明（sowhat.Inc）

発行人……………………………………………………………後藤明信
発行所……………………………………………………………株式会社　竹書房
〒102-0075　東京都千代田区三番町8-1　三番町東急ビル6F
email: info@takeshobo.co.jp
http://www.takeshobo.co.jp
印刷・製本……………………………………………………中央精版印刷株式会社